台湾対抗
文化紀行

TAIWAN
COUNTER CULTURE
TRAVELOGUE

神田桂一

晶文社

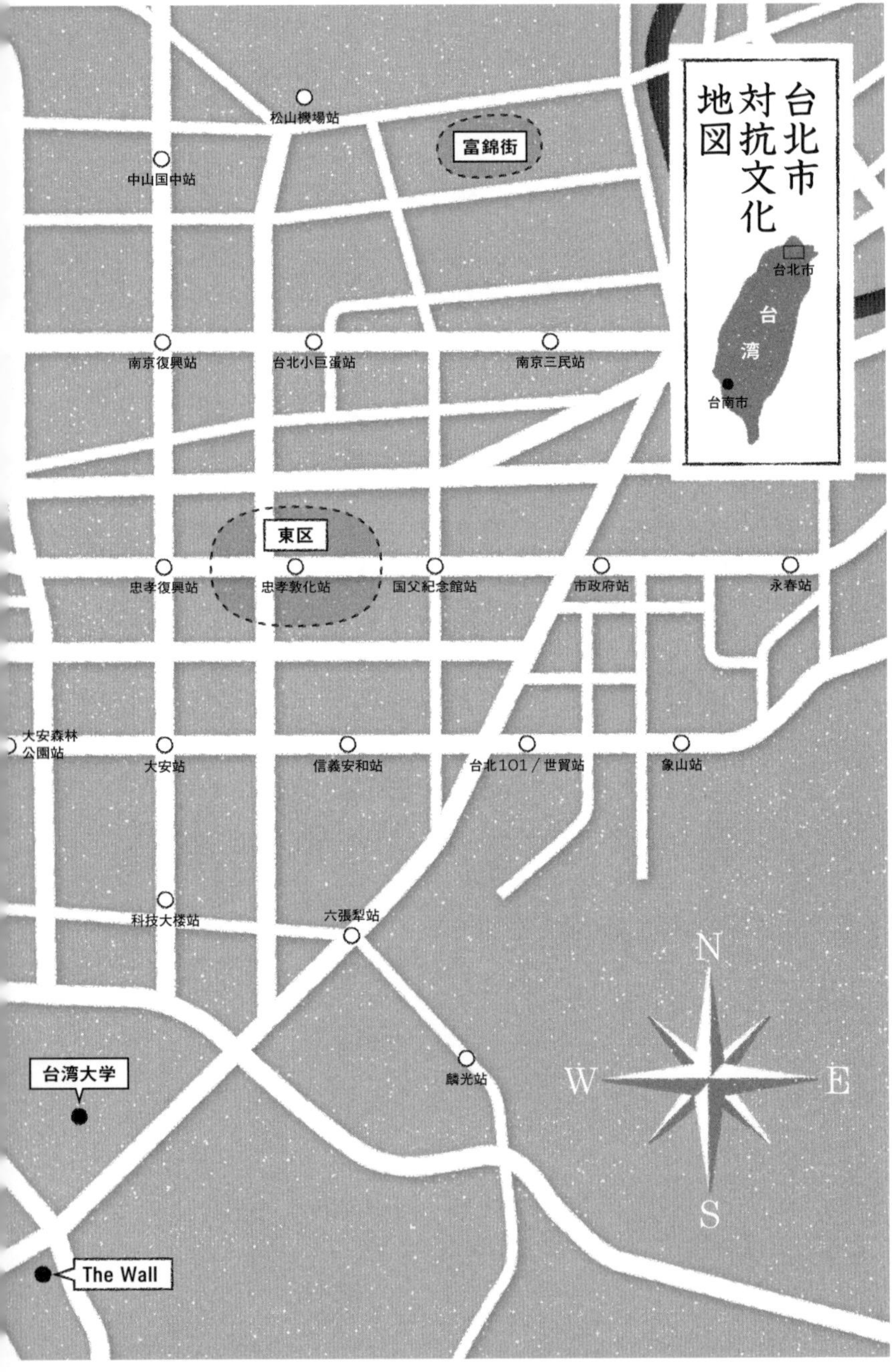
台北市対抗文化地図
台北市
台湾
台南市
松山機場站
富錦街
中山国中站
南京復興站
台北小巨蛋站
南京三民站
東区
忠孝復興站
忠孝敦化站
国父紀念館站
市政府站
永春站
大安森林公園站
大安站
信義安和站
台北101／世貿站
象山站
科技大楼站
六張犁站
麟光站
台湾大学
The Wall
N
W
E
S

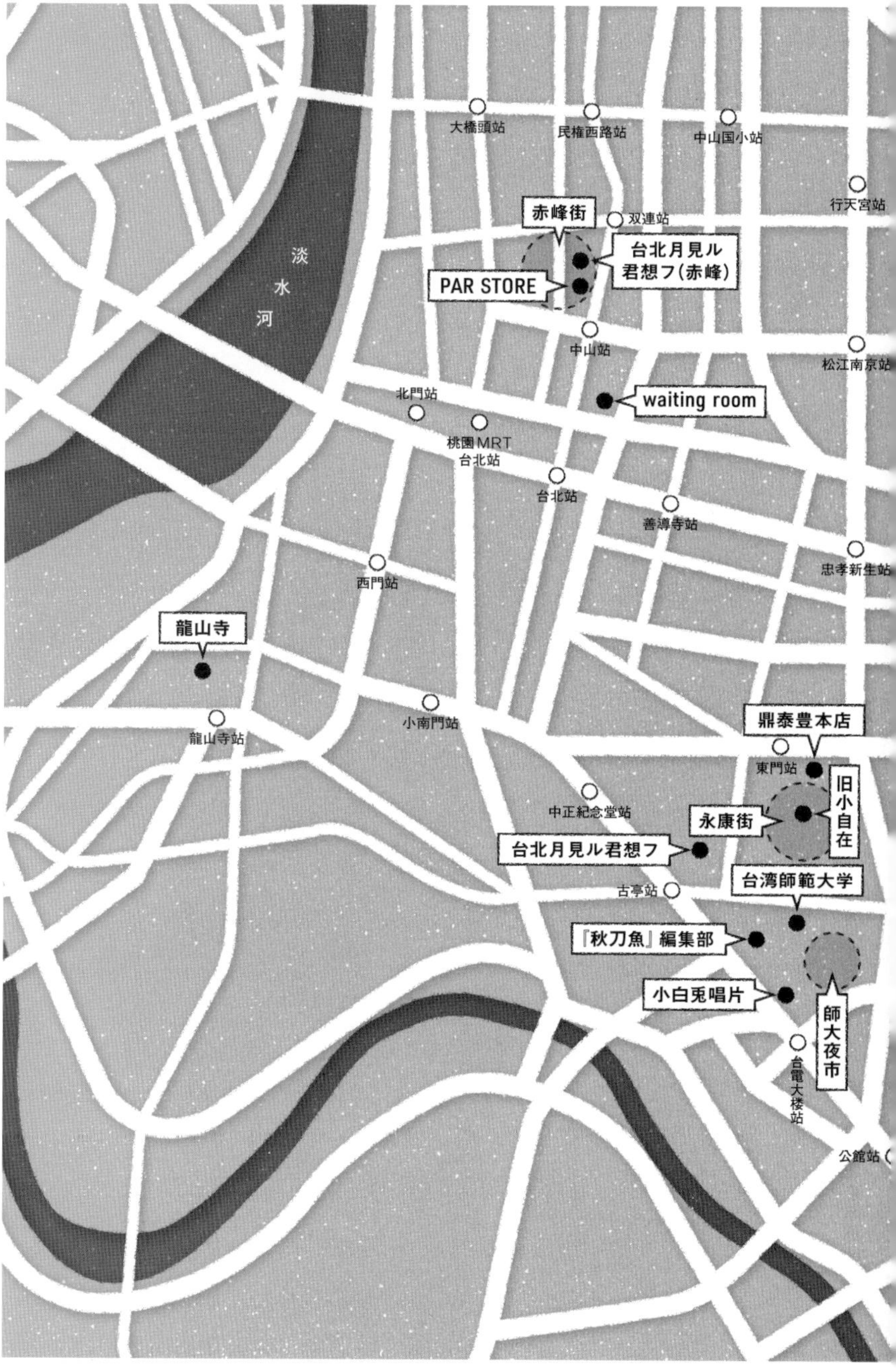
大橋頭站
民権西路站
中山国小站
行天宮站
赤峰街
双連站
台北月見ル君想フ(赤峰)
PAR STORE
淡水河
中山站
松江南京站
北門站
waiting room
桃園MRT台北站
台北站
善導寺站
忠孝新生站
西門站
龍山寺
小南門站
龍山寺站
鼎泰豊本店
東門站
旧小自在
中正紀念堂站
永康街
台北月見ル君想フ
古亭站
台湾師範大学
『秋刀魚』編集部
小白兎唱片
師大夜市
台電大楼站
公館站

あのヒトは僕のコトを
きっと好きになり始めてる
だって僕はあのヒトを
気にするように
なってるからね
――トモフスキー「両想い」

目次

装丁・挿絵・地図作成：
相馬章宏（コンコルド）
写真：
川島小鳥

〈序　章〉

フリーライター、台湾に出会う

旅で訪れた国を、地図を広げ黒いペンで塗りつぶしていく。地図のアジア地域のなかで、ほぼ唯一、ぽっかりと白いまま残っていた国があった。パズルを埋めるように、僕はその白い国を、衝動的に黒く塗りつぶそうとした。まるで誘蛾灯に群がる虫のように何かに促されながら。

二〇一一年の冬、僕は旅先を探していた。年に数回ある移動欲が僕を旅に駆り立てた。海外放浪は、僕の唯一といっていい趣味で、なんとなく「暖かいところがいいな」とイメージをふくらませていた。そんなとき、知人の編集者が雑誌で「台湾」を特集しているのを目にしたのである。

それまで僕の中にあった台湾のイメージは、面白みのない国だった。あまり日本と変わらないと聞いていたからだ。街中にはコンビニ［※1］と日本語表記があふれ、人々は優しくてどちらかというと親日的。わかりやすいカルチャーショック［※2］を求めていた当時の僕からしたら、あまりこころ惹かれる国ではなかった。

でも、チケットが往復でなんと二万円［※3］と破格の安さだったこともあり、まあ、現地を歩いてみないとわからないわけだし、とりあえず行ってみるか、そんな中途半端な気持ちでバックパックに荷物をつめた。現在のような「台湾ブーム」が日本に到来する前で、情報も少なかった。

※1 コンビニ……台湾は本当にコンビニが多い。今のところ、セブン-イレブンとファミリーマートのふたつが進出し、日系のコンビニが主だが、品揃えは日本とは違う。僕のお気に入りは台湾麦酒のマンゴー味（アルコール度数が三％のため、お酒が飲めない僕でもなんとかなる範囲）と外国産のウエハースのお菓子。あとお茶っ葉で煮たたまご。レジ袋が有料で、デフォルトでは付いてこないので、我要袋子《ウオヤオダイズ》（袋下さい）と言う必要があるが、こんなフレーズさえも通じなかった。中国語の四声恐るべし！

※2 わかりやすいカルチャーショック……インドでぼられたり、ガンジス川で死体が浮かぶなか、泳いだり、帰国後、腸チフスを発症し、隔離病棟で一ヶ月過ごしたり、オランダでコーヒーショップに入って、酩酊していたら、いつの間にか背中にレッドブルのステッカーを貼られていて、一日それで、アムステルダムを徘徊していたこととか（実話）。

※3 二万円……確か今はなきLCCのバニラエアだったと思う。チケットを探したサイトも今はリニューアルしてもう名称変更されているトラベルコちゃん。一二月だったので めちゃくちゃ安かった。現在でも探せば、時期にもよるが、これくらいの

地図のなかで白いまま残っていた台湾。そこを黒で塗りつぶしてみたくなった。そこからなんと一年で五回も渡航することになるとは、このときはまだ思ってもみなかった。

一言で言えば、すっかり台湾に魅せられてしまったのである。ひとつは、カルチャーが充実していること。永康街《ヨンカンジェ》・師大《シーダ》［※4］や公館《ゴングァン》［※5］などの学生街に行けば、レコード屋、古本屋、カフェだけでなく一見、コンセプトが曖昧な、しかし、じっくり眺めると文脈が見えてくるセレクトショップがたくさんあり、短い滞在では回りきれないほどだ。カフェに入れば、本棚に、日本の雑誌である『BRUTUS』［※6］や休刊になった『relax』［※7］なんかが置かれていたりする。台湾の女の子がその中の一冊を手に取り熱心に読んでいる。日本語が読めるのだろうか。試しに僕は日本語で話しかけてみたが、日本語は話せないようだった。ということは、レイアウトを見ていることになる。でもわかる。いい雑誌は、レイアウトを見ているだけでも十分楽しい。

台湾では、一九四七年から一九八七年まで戒厳令［※8］がずっと敷かれていて、そこから民主化がスタートしたため、文化的なものが自由になったのは比較的最近のことだ。そんな発展的状態においては、情報を受け取る

値段で台湾に行くことができる。東京と大阪往復の新幹線代よりも安いんである。

※4 永康街・師大……台湾師範大学のお膝元にある学生街。学生街の側面と閑静な住宅街の側面を併せ持ち、それが、住民トラブルの原因となる。永康街には有名な小籠包のお店〈鼎泰豊《ディンタイフォン》〉の本店がある。ちなみにめちゃくちゃ行列ができているが、回転が驚くほど早いので、すぐに中に入れる。店員さんは日本語ＯＫ、日本語メニューあり。もちろん美味しいので行って損はない。

※5 公館……日本で言うところの東大、台湾大学の学生街。カフェや古本屋、夜市もあって学生たちで賑わっている。このあと、頻出するライブハウス〈THE WALL〉もここにある。カフェは、〈挪威森林〉〈ノルウェイの森〉や〈海邊的卡夫卡〉〈海辺のカフカ〉という名のお店がある。台湾大学の学生は村上春樹好きが多いのだろうか。と思ったら、オーナーの趣味が同じだそうである。オーナーの趣味か……。

※6『BRUTUS』……マガジンハウスから刊行されているカルチャー誌。繁体字版はないのだが、台北のわりと多くのオシャレなカフェに置いてあったり、本屋にも普通に売っていたりする。

アンテナが高い人たちは学生であり、学生街が最先端の場所になる。これは韓国にも言えることで、韓国のサブカルチャー街の弘大《ホンデ》［※9］も学生街だ。それにしても、こういう街があるのは東アジアや東南アジアの一部に限り、中央アジアに行くともうない。

僕は、学生街の熱気にあてられて「台湾カルチャー」にどっぷりとはまってしまい、結局その年に五回も台湾に行くことになり、渡航数はいまでは一〇回を超えている。台湾は、いつの間にか、僕の第三の居場所となっていた。

二〇〇〇年代、「哈日族《ハーリーズー》」［※10］と呼ばれる日本びいきの若者たちが台湾で社会現象となった。あれから一〇年以上。哈日族の流行は終わりを告げ、韓国のK-POPや中国文化が台頭し、自国のオリジナル文化が育つなど、台湾の中での日本文化の地位は相対的に低くなった。その代わり、一部の若者の日本文化に対する関心はよりディープになったと言える。

二〇一三年、台湾の立法院を占拠した学生運動からはじまった「ひまわり運動」［※11］が世界のメディアで報じられた。現在は、香港のデモの現状を憂い、「今日の香港は明日の台湾」［※12］というスローガンのもと、中国の圧力と戦っている。目まぐるしく変わる東アジア情勢のなかで、いまの

※7 『relax』……かつてマガジンハウスが刊行していたカルチャー誌。今は独立した編集者の岡本仁が編集長を務めた東京ローカルっぽい誌面作りの雑誌。僕は大阪在住だったので一回も手に取ることなく雑誌は休刊。

※8 **戒厳令**……一九四九〜一九八七年の三八年間、国民党による一党独裁政治が行われ、反体制派への政治的弾圧が行われた。白色テロが横行し、国民に相互監視と密告を強制、多くの反体制派が、拷問され処刑された。現在、戒厳令時代の言論統制をテーマにしたゲーム『返校』が若者たちの間で大ヒットし、再び、戒厳令時代が注目されている。

※9 **弘大**……韓国のサブカルチャーを支えるエリア。弘益大学の学生街。有名なライブスポットに〈空中キャンプ〉など。もちろん名前はフィッシュマンズのアルバムタイトルから。

※10 **哈日族**……日本好きの台湾人の面白いところは、メジャーなものとサブカルなものを同列で語るところ。まあ、一緒に入ってきたのだから、背景も何も関係ないのだろうけど、ジャニーズとフリッパーズ・ギターを同列で語られたときには、少しぽかーんとなった。

台湾は、日本の六〇年代[※13]のような、激動の時代だと言っていいと思う。

「自由」を求める人たちが、生き生きと新しいライフスタイルを手作りし、自分なりの表現に取り組んでいる熱気が社会に渦巻いている。彼らを観察していると、異国の文化をサブカルチャーまで積極的に吸収し、それらを活用したり流用したりしてオリジナルの文化を創造していっている。台湾の「／」(スラッシュ)世代[※14]で、台日デザインやアートを中心に取材するメディアでコーディネートも行う、「設計發浪 designsurfing」の創立者であるチャドくんは、二〇一九年時点の取材でこう述べる。

「台湾らしさが何かと言われたら、単細胞生物、アメーバみたいなものだと思う。どういうことかというと、現在も変形中という意味です。台湾はまだ国として若くて、歴史が浅い。中国に距離が近い様々な国は、中国の歴史の影響を受け、その遺伝子を受け継いでいるのに、では、なぜ日本は日本になったのか、日本は台湾にならなかったのか。よく考えてみると、それは不思議なことなんです。韓国は、なぜ韓国になったのか。なぜ台湾だけが中国のそのままを受け継いでいるのか。中国の毛沢東が文化大革命を起こしてしまったから、台湾が中国のそのままを残している? 唯一今、

※11 **「ひまわり運動」**……太陽花学生運動。「サービス貿易協定」の審議を国民党が一方的に打ち切ったことに反発した学生と市民らが、立法院を占拠した学生運動から始まった社会運動。日本のニコ生を使って中継されたのもあって、僕はそれを見ていた。

※12 **今日の香港は明日の台湾**……香港が陥落し、次に中国は本気で台湾を取りに来ている動きを見せている。アメリカはTPP参加問題で、中国と台湾が共に参加の意向を召したことで、決断を迫られている。一触即発状態のなかで、これから台湾はどうなるのか、自由が侵害されないようにできることを探っていきたい。

※13 **日本の六〇年代**……日本の六〇年代カルチャーはアメリカから多くを学んだ。台湾は今、日本から多くを学び、まさにオリジナリティを模索している最中だと思っている。もっと面白いカルチャーが今度いろんなジャンルから出現するに違いない。

※14 **「／」世代**……複業を持つ世代。主に三〇代後半。複数の肩書きの間にスラッシュが入ることからこう言われるようになった。日本でそういう働き方ができるのは、まだまだほんの一部のお金の余裕のある層くらい。国の制度設計も古いまま。早急の改善が求められる。

僕なりの答えは、日本は、歴史が長いので、いろいろミックスされて、圧縮があって、核（アイデンティティ）みたいなものが出来ていたということ。翻って台湾には、まだそれがない。僕が期待しているのは、これから一〇〇年、二〇〇年の間に、事件がいろいろと起こって、そのアイデンティティが出てくることなんです。原住民［※15］は、台湾らしさですか？　と聞かれたら、「そうですよ」と言うし、客家《ハッカ》［※16］は？　と聞かれたら「そうですよ」と答えるし、街角のヨーロッパ風の建築も台湾らしさと答えます。今、様々な国の文化を取り入れている最中だから。結構言われていることだけど、日本が統治していた時代のものを排除したほうがよいという意見があります。でも僕はそうは思いません。今の総督府の建築は日本人の森山松之助が設計したものだけど、それは台湾らしくないと言い切れるのか。僕は新しいジェネレーションがこれからよりオリジナルな台湾文化を勝手につくってくれると期待しているんです」

新しいシーンが立ち上がる現場に立ち会いたい——そこには、日本人である自分にとっても魅力的な生き方やクリエイティブなことがあると直感し、僕は台湾に通って取材をはじめることにした。

そして、現在進行形の「台湾カルチャー」に、依然として日本文化が強い

※15 **原住民**……中国大陸からの移民が盛んになる一七世紀以前から住んでいた台湾の住民のこと。日本では、主に東蕃と呼ばれた。アミ族、タイヤル族、セデック族など現在は一六の民族が指定されている。台湾総人口の二・一％を占める。二〇一六年、蔡英文が昔の不当な原住民の扱いについて台湾の総統として初めて謝罪した。

※16 **客家**……移動と定住を繰り返してきた漢民族の一支流。中国大陸から台湾に渡ってきた。客家料理も美味しい。

影響を与えていることは間違いないと確信した。若者を中心に日本に興味のある人は、「なぜそんなことまで？」といったディープな情報にも精通していて驚かされる。三・一一以降の日本社会も視野に入れて、反原発を主題にしたトークイベントを行うカフェなどもある。特に台湾の若者たちのＤＩＹやオルタナティブ、インディペンデントな対抗文化に興味がある。それはまさしく自分の居場所をつくること、新しい生き方を創造することに他ならないからだ。

周辺諸国の文化をうまく取り入れて、自己主張とゆるさが絶妙なバランスで共存する島、台湾。本書は、そんな台湾を旅しながら、躍動するカルチャー・シーンのなかで、インディペンデントの精神をもってユニークな生き方をしている人たちに出会った、二〇一一年から二〇一九年までの八年間の記録である。それは同時に、外側から輪郭をなぞるように日本という国を自分のなかで規定しようとする八年間でもあった。

僕と一緒に台湾を旅している気分で、本書を読んでもらえると嬉しい。では、そろそろバックパックを背負って、僕は行くことにする。みんなもついてきてほしい。何が起こるかわからない未踏の旅へ、旅途愉快《リィトゥユゥクァイ》！（ハブ・ア・ナイス・トリップ！）

〈第一章〉

フリーライター、台湾に降り立つ

　その日、僕は、原宿にあるバー〔※1〕に来ていた。僕も寄稿している雑誌の発刊パーティがそこで行われており、僕も招待されていたからだ。二〇一一年一二月初旬のことだった。そのバーは、三階建てになっていて、関係者が出店をしていたり、トークイベントが行われていたり、自由な雰囲気で会場は人で埋め尽くされていた。

　出店のなかには、前号の特集が「台湾」ということもあり、台湾名物の小籠包も出されていた。僕はその雑誌の編集者になんとなく、年末の旅行の相談をした。すると、「台湾オススメだよ」と返事が戻ってきた。行くんだったら、人も紹介できるし〔※2〕、オススメスポットも教えられるという。これは渡りに船だと思った僕は、パーティが終了すると、家に帰ってすぐにフライトのチケットを検索していた。すると時期がよかったのか、なんと往復で二万円という破格の値段で売られていて、僕は迷わずチケットを取った。成田発桃園《タオユエン》行。すぐに僕は編集者に連絡をして、台湾行きを決めたことを報告し、情報などをもらった。一二月二一日に出発し、二四日に帰る便だった。

　僕は、その雑誌に、ある中国人の女の子にフラれたコラム〔※3〕を書いていたので、クリスマス・イブに帰る便なんて、何かあるといいね！　なん

※1 原宿にあるバー……〈bar bonobo〉。渋谷区神宮前二－二三－四にあるバー兼クラブのようなもの。一階から三階まであって色んな楽しみ方ができる。わりと知る人ぞ知る的なお店かもしれない。

※2 人も紹介できるし　台北中心部近くの〈BASE〉というコワーキングスペースを運営する台湾人を紹介してもらったが、多忙でほとんど相手にしてくれず。結果的にひとりで探索することになったが、そっちのほうが収穫になったのでよしとしよう（本文参照）。

※3 ある中国人の女の子にフラれたコラム……『スペクテイター VOL.24 これからの日本について語ろう』内、SMALL TALK OF THE TOWNのコラム「痛快ウキウキ天安門通り」。ちなみにフッた中国人は本書に出てくる毛ちゃんである。

て冗談を言われたりしたが、結論から言うと、何もなかった。だけど、それ以上の収穫があった。それは、僕がすっかり台湾に魅せられてしまったことだった。先ほどの文脈でいうと、台湾に恋をしたということになるだろうか。

桃園国際空港［※4］に降り立つと、小雨が降っていた。亜熱帯の島特有の湿った空気が僕の頬をなでつけた——といったような描写は、もう数々の紀行文で書かれていて読者もお腹いっぱいだと思うので、ここでは割愛する。

二〇一一年一二月、僕は初めて台湾に来た。台湾は、日本の南西に位置する島嶼《とうしょ》。地政学的には東アジアに属する。人口は、現時点で約二四〇〇万人、日本の五分の一程度。面積は、日本の九州ほどで、その小さな面積のなかに、高度な資本主義社会が成立している。ときは、親中の馬英九《マ・エイキュウ》［※5］政権。

そのとき、僕は、台湾と中国大陸の関係の基本知識は備えていたが、特に台湾の政治に興味があるわけではなかった。カルチャー分野に関しても正直わからない。なので、降り立ったときの感慨はそれほどなかった。空港を見た限り、あまり日本と変わらない。中国大陸の空港は一発で異国と

※4 **桃園国際空港**……一九七九年の開港当初は中正國際機場という名前だったが、二〇〇六年に今の名前に改名された。

※5 **馬英九**……第六代中華民国総統。二〇〇八〜二〇一六年。台中関係の回復に尽力するも、ひまわり運動を引き起こす。

感じられる「何か」があったのだが（今考えると、それは、見慣れた繁体字と、よくわからない簡体字のビジュアルに踊らされていただけなのかもしれない）、台湾にはそれがなかった。

気温は高い。冬の台北の平均気温は、一九度くらい。コートなどは必要ない。空港はまさに玄関口であり、その国の第一印象を与える重要な役割を持っている。そこから僕は何か台湾で予想外の体験をすることになりそうだ、という期待を持つことはできなかった。

それが悪いといっているのではない。台湾は先進国で、わかりやすいバックパッカー、つまり、僕、が求めるような、イレギュラーな出来事やハプニングが起こりそうにないな、というだけのことである。ちなみに、わが成田空港は、そういった何かワクワクさせてくれる［※6］体験が待っているという期待を一切持てない空港だと僕は思っている。

僕がひとり旅をするときは、基本的に、飛行機のチケット以外は、用意しない。あとはすべて現地に着いてからなんとかすることに決めている。ガイドブックも見ない。別にそんなにこだわっているわけでもない。なので、過去にガイドブックを買ったこともあった。しかしながら、二回連続で家に置いてきてしまい、使わなかったという経験があって、必要ないと

※6 ワクワクさせてくれる……逆にワクワクさせてくれたのはインドのインディラ・ガンディー空港。空港からのタクシー（オフィシャルでも）がすべてトラップで、目的地じゃなくて旅行代理店に連れて行かれるのだ。ツアーに契約しないと目的地でなくその場で降ろされて路頭に迷う仕組み。僕は、機内で仲良くなった華為《ファーウェイ》社員の中国人青年と会社の送迎車に乗せてもらい、社宅に泊めてもらった。

いうことがわかった。

さて、行くからには、楽しく過ごしたい。だから、香港人の友人で、大学の教員であり、バンドマンでもある阿信《アシン》くんに、ある台湾人を紹介してもらっていた。名前はdodoといって、その女の子と会う約束をしていたのだった。Facebook Messengerのチャットで話したら、色々案内してくれそうだった。よかった。これで、僕の行き当たりばったりの旅が仮に失敗に終わりそうになったとしても、最低限、なんとかなりそうだ。ありがたい。

ちなみに、阿信くんは、毛《マオ》ちゃんという中国人に紹介してもらったのだけど、毛ちゃんとはもう一〇年以上も前にネット上で知り合った。当時「Soulseek」というNapster〔※7〕のようなPeer to Peer／ピア・トゥ・ピア／P2P〔※8〕のウェブサービスがあり、僕は使い倒していたのだが、そこで、日本の渋谷系インディミュージックを落としてくる外国人がいるので、珍しいと思っていたら、チャット機能を使って話しかけてきたのだ。それが毛ちゃんだった。日本語が上手で、日本人かと思って訝《いぶか》しんでいたら（Soulseekはほとんど日本人がいなかったサービスなので、日本語で話しかけられることは珍しい）中国人だったので、なおさらびっくりした。

※7 Napster……音楽ファイル交換ソフト。夢のようなソフトだと思っていたが、当然、音楽業界が激怒し、使用不可に。その後サブスクサービスを始めたりするが、時代より早すぎた。

※8 Peer to Peer／ピア・トゥ・ピア／P2P……サーバとやり取りするのではなく、個人間のPC同士がつながって通信を行う通信方式のこと。Winnyがそうだったと言えば、わかりやすいだろうか。

そこで同じ趣味の音楽で話し込んで一気に仲良くなった。僕は毛ちゃんの住んでいる広州まで遊びに行ったりした。そのときに、広州から電車で二時間くらいの香港に行って、阿信くんを紹介してもらったというわけである。

話がそれた。僕は、リムジンバスに乗り込む。郊外の風景を車窓から眺めながら、約一時間で、台北站《タイベイザン》［※9］に到着した。雨はやんでいたが、どんよりとした、曇り空だった。僕は、台北站近くの、当たりをつけていた宿まで出向き、チャイムを鳴らした。出てきたのは、なんというか、ひと目見て、気が合わないだろうな、という学生風の男だった。直感的に、これはダメだな、と思った。ここは、日本人が多く泊まる、いわゆる日本人宿というやつだったのだが、ウェイ系［※10］ばかりが集まっており、案の定、一切馴染《なじ》むことができなかった。おまけに泊まった当日に、隣の市場が火事になり、この宿のなかにまで煙が流れ込んできた。翌日、僕はこの不吉な宿とウェイ系に無言の別れを告げ、さあ、どこに泊まろうかと、あらためて宿探しをはじめた。

僕はあまり宿にこだわらないほうで、どこでもよかった。ガイドブックの代わりになぜか買って持ってきていた、台湾特集の『an・an』を開き、

※9 **台北站**……台北駅のこと。站は駅の意味。

※10 **ウェイ系**……ちゃらい男女のこと。手を上げてウェイウェイと言うところからその名前が付いた。僕も宿でウェイウェイさせられそうになったが、顔が引きつっていたのが先方にもわかったらしく、すぐにリリースされた。

目星をつけると、最寄り駅まで電車を乗り継ぎ、かなりの距離を歩いてその宿に着いた。道のりは予想外に長く、そのとき、僕はこの宿を選んだことを後悔した。しかし、それが僕と永康街・師大という街との出会いの始まりになったのだ。

その宿は小自在《シャオズザイ》［※11］といって、永康街の入り口から五分ほど歩いたアパートの二階にあって、一階はカフェになっていた。入り口のドアをノックするも、反応はない。またノックする。沈黙。諦めかけたところ、ギギギとドアの開く音が聞こえ、訝しげな顔がドアから覗いた。メガネをかけた若い女性だった。

「ここに宿があるって聞いたんですけど……」

ちょっとびっくりした様子だった。

「日本人のかたですか?」

「はい」

「珍しいですね。日本人のかたは必ず予約して来られるので……」

僕は申し訳ない気持ちになった。

「ちょっと待っていてくださいね。部屋が空いているか確認してきますので」

※11 **小自在**……僕が二度目に泊まったゲストハウス。一階には小自由というカフェがあった。合わせて自由自在。オシャレで使い勝手がよかったのだけど、二年後くらいに閉館してしまった。ここで、実は僕の中国語の老師、田中くんとすれ違っている。田中くんは別の部屋で自分の雑誌『LIP』をつくっている最中だった。

僕はなんとか、落ち着ける場所を確保できる一歩手前まできたようだ。

「ドミトリー［※12］が空いていました。今日はドミトリーのお客さんがいないので、貸し切り状態ですよ」

さっそく僕は、部屋に移動し、バックパックを下ろし、ベッドに突っ伏した。気がつけば寝ていた。起きるともう夜の帳《とばり》は下りていた。そして夜の永康街の散策に出かけたのだった。

台北の街は、とてもコンパクトである。端から端までタクシー［※13］で移動してもそれほど料金はかからないのではないだろうか（タクシーの運賃が安いというのもある）。第一印象は、ヨーロッパの街並みのようだということ。なぜなら、一気に全部変えるのではなく、新しいものを徐々に取り入れていき、古くても良いものは残す。街の新陳代謝がうまい。そういう意味では、一気にすべてを変えてしまう東京［※14］のほとんどの街がなんとも空疎に見えてくる。

師大のほうに歩いていくと、街が学生街の様相を呈してくる。大通りが一本通っていて、その脇に無数の路地が横に伸びている。僕は、あまり深く考えずに、流されるままに、その街を散策した。

これは台湾を旅し終えてから気づいたことなのだけど、気楽なひとり旅

※12 **ドミトリー**……相部屋のこと。どんな人が泊まっているかで当たり外れがデカイ。宿泊者ガチャ。

※13 **タクシー**……台湾のタクシーは安く、初乗り七〇元（約三二〇円）、二五〇mごとに二〇元（約八〇円）。

※14 **一気にすべてを変えてしまう東京**……日本は地震が多いので、耐震工事の諸費用の問題から、リノベが難しいという事情もあるらしい。昔の面影がないというのも、それはそれでまた一興であろう。

で、一個一個、街を探索していくなかでいろいろ見えてきたものがあった。コンビニだらけの街は、まさに日本。台北１０１は東京タワーで、その周りに広がる市政府［※15］のクラブ街はさしずめ六本木だろうか。

ここで僕はあることに気づく。つまり、永康街・師大周辺は、他のどの国にもない、中央線的な街なのだ。高円寺や西荻窪の匂いがする。独特のカルチャーがある。しかも、日本のそれとは少しずれていて、ある意味で、日本のサブカルチャーのカウンターとでも言えるようなものであった。

ちなみに、台湾では、サブカルチャーのことを次文化《ツゥウエンホォア》、次に来るカルチャーというのだと、僕の中国語の老師《ラオシィ》［※16］であり、台日カルチャーに詳しい田中佑典《タナカユウスケ》くんから聞いた。直感的に、いい言葉だなと思った。日本のサブカル（下位文化）という言葉にへばりついたネガティブな、下に見た感じが微塵《みじん》もないし、希望さえ感じる。日本も輸入してはどうだろうかとさえ思った。世界は言葉で成り立っている。こういう小さいことから、社会は変わっていくんだということを僕らは身をもって経験してきたはずだ。

僕が初めて台湾という国を意識したのは、漫画家の小林よしのり［※17］が描いた漫画『新ゴーマニズム宣言スペシャル：台湾論』を読んだのがキッカケである。発売されたのは二〇〇〇年の秋。そこでは、李登輝《リ・トウキ》［※18］を中心

※15 **市政府**……台北１０１の下に広がる地域一帯の街。クラブや高級料理店、高級ホテルが乱立する。当然苦手なのであまり行ってないが、誠品書店があるので、そこだけは行った。

※16 **老師**……先生のこと。中国語で先生は、〇〇くん、〇〇さんの意味。

※17 **小林よしのり**……漫画家。コロコロコミック掲載のギャグ漫画『おぼっちゃまくん』が大ヒット。九〇年代に入ってオピニオン漫画『ゴーマニズム宣言』の連載開始。こちらも大ヒットとなる。

※18 **李登輝**……政治家。第四代中華民国総統で本省人初の総統。台湾民主化の父とも呼ばれる。親日家としても知られた。二〇二〇年没。

として台湾独立が論じられていた。キッカケはそれくらいにして、その漫画で描かれている台湾の街並みや人々の生活が、実に、現在の台湾とあまりにもギャップがあるのだ。というのも、台北の街を例にあげると、とにかく小林のマンガでは、街が汚く、道路にはバイクがあぶれており、ビンロウ屋［※19］がいたるところにあり、お世辞にも洗練されているとは言えない。

また別の資料にもあたってみよう。九〇年代に発売された別冊宝島［※20］は三度台湾を特集している。最初のタイトルは、ずばり『謎の島・台湾』である。隔世の感がある。九〇年代においては、日本では台湾は未知だったのだ。その次は東アジア特集で、香港と韓国とともに紹介されているが、台湾は、言葉にしたら棘《とげ》があるが、もっとも文化的にも経済的にも冴えない国として紹介されている。この頃は映画と金融が強かった香港が持てはやされていた時代だった。最後の一冊は『台湾興奮読本』。香港と台湾の地位が逆転し、台湾の知名度も上昇してきた頃だ。

現在の台湾は、女子に人気のオシャレなカフェやゲストハウスがあふれ、美容にいいエステやマッサージが受けられ、オーガニックな素食《スーシー》が食べられる、とても洗練された街に様変わりした。それはもう劇的に。この十数

※19 **ビンロウ屋**……ビンロウはヤシ科の植物。噛みタバコとして使う。

※20 **別冊宝島**……宝島社が発行していたムック形式のワンテーママガジン。宗教、アングラ、サブカルなどマニアックなテーマ設定で深掘りした内容が支持され人気を博した。

年でいったい何があったのか。経済の発展も寄与しているだろうけど、理由はそれだけではないだろう。台湾カルチャーの急激な変化には、どんな要因があるのだろうか。

じつは、そこには、台湾の第四代総統の李登輝から第五代総統、陳水扁へと続く文化開放政策が関係していると台湾人の友人が教えてくれた。

二〇〇〇年頃から、積極的に、海外の文化を吸収しようという動きを活発化させて、特に日本から様々な文化を吸収するべく、いろいろな規制が緩和された。二〇〇三年頃から、日本風のカフェが街中に出現するようになった。日本の雑誌も積極的に輸入されて、カフェに置かれ、若者たちはそれを読むために日本語を勉強した。テレビでは日本の番組が放送され、日本のタレント、例えばジャニーズ事務所のアイドルなどが連日出演した。台湾の女子たちは熱狂し、日本の文化を知ろうと、一生懸命日本のことを調べた。まだネットが今よりも身近でない時代である。この頃の日本好きの台湾人たちは社会現象となり、哈日族と呼ばれ、話題となった。

夜になったので、ゲストハウスに戻り、ベッドに倒れ込んだ。相部屋だったが、客は僕ひとり。夜ごはんをどこで食べようか、作戦会議をするためにいったん戻ったのだ。会議といっても僕ひとりだけど。ウェブで調べるのも面倒だったので、また街に出て適当に散策して、よさそうな店に入ることに決めた。

　街を歩いているとあることに気づく。コンビニが乱立しているのだ。主にセブン-イレブンとファミリーマートだが、ひとつのコンビニから、少なくともふたつのコンビニが視界に入る。規制がないのだろうか。しかし、これだけ多くのコンビニがあっても一向に減る気配がないということは、儲かっているのだろう。台北は他にも屋台や外食店が多く、競争相手はたくさんいるはずなのだが不思議だ。しかし、あるとき、台湾人の女子大生と話をしていて疑問が解消した。彼女の日常生活のことをたずねたときだ。

「私は大学の近くで一人暮らしをしているんだけど、一般的なワンルームマンションには、キッチンがないの。台湾には外食文化が根づいているからね。みんな自分で作らないで外で食べてしまうのよ。そのほうが安くつくしね」

　なるほど。自炊よりも外食したほうが安くつくなら、時間も手間もかかる自炊をする理由はない。

　ところで、台湾の外食の醍醐味《だいごみ》は、誰がなんと言おうと、朝ごはん［※21］だ。とにかく朝ごはんのバリエーションが豊富。きっと寝起きの憂鬱も吹

※21 **朝ごはん**……サンドイッチ、台湾おにぎり、鹹豆漿（塩辛い豆乳スープ）の店や、屋台も出ていて、本当に何にするか迷うほどある。

き飛んでしまうだろう。日本には、朝ごはんを外で食べようと思ったら、牛丼チェーン店か、ハンバーガーチェーン店、カフェくらいしかない。この貧弱さは、午前中の労働に確実に影響する［※22］。僕らの脳を蝕《むしば》む。

こんなふうに、いちいち台湾は、日本社会のカウンターのような文化で僕を刺激するのである。もうこうなったら通うしかない。台湾に着いて二日目にして、僕はすっかり台湾の虜《とりこ》になっていた。

台湾を訪れて三日目、紹介してもらっていたdodoと会う約束をしていた。どんな女の子なんだろう。僕はワクワクしながら指定されたカフェに出向いた。

少し遅れてカフェにたどり着くと、大声で呼びかけられた。

「Hello！　你好！　ケイイチ！」

dodoだった。ものすごくテンションが高い。

それから席に着くなり、怒涛《どとう》のごとく喋りだした。あまりに高速なので、クラクラしたけど、喋った内容は鮮明に覚えている。ガチャピンのことである。共通の好きなものが、ガチャピンだったのである。当時、僕は故あってガチャピン研究家［※23］を名乗っていて、日本で一番といっていいぐらいガチャピンに詳しかったので、ガチャピンならお手のものだった。僕は

※22 **午前中の労働に確実に影響する**……独身男子が朝ごはんを食べないのは、朝ごはんが不味いものしかないからだと思う。

※23 **ガチャピン研究家**……かつて僕はジミー・ボーダーというペンネームで、ガチャピン研究家と名乗り、アメーバニュースという媒体で、ガチャピンさんのニュースを量産していた時代があった。当時のことは、初代アメーバニュース編集長で、ライター・PRプランナーの中川淳一郎さんの書籍に詳しい。

自分が手がけたガチャピンが表紙のある雑誌［※24］をプレゼントして、ガチャピンのトリビアをありったけ語った。

「えー！　ケイイチ！　ナイス情報！　グッド！」

たぶん喜んでくれているみたいでよかった。キュートで、かわいい女の子であった。フリーでウェブのデザイナーをしているそうだ。音楽方面の人たちと仲がよく、当時、台湾で有名なバンド、透明雑誌［※25］のメンバーや、日本のミュージシャンとも仲がいいみたいだった。二時間くらいぶっ通しでガチャピンの話をし続けて、僕は疲れ果てた。頼んだカフェラテもとっくに飲み干していた。そろそろ帰らねば。

「ありがとう。またガチャピンのグッズを持って台湾に来るよ」

「サンキュー！　ケイイチ。また会おうね！」

その後、dodoとは、台湾に行くたびに会うことになり、師大にあるセレクトショップ〈waiting room〉［※26］に連れて行ってもらうことになる。

翌日、僕は宿を変えた。今滞在している宿はオシャレすぎる。もっと沈没している［※27］バックパッカーがいるようなゲストハウスに泊まって、そういう人たちが、今どんなことを考えているのか聞きたかったからだ。

MRT［※28］中山站《ゾンシャンザン》［※29］近くの古びたマンションの二階にある、まさに

※24 **ある雑誌**……『ケトル』（太田出版）vol.4「こんな会社が大好き」

※25 **透明雑誌**……かつて台湾のインディシーンを代表したオルタナティブ・ロックバンド。ナンバーガールに影響を受けた音楽性は、日本でも話題になった。解散していたが、再結成した。

※26 **〈waiting room〉**……透明雑誌のドラマー、trixが中心となってつくられたオルタナティブスペース。ZINEやアパレル、レコード、カセットテープなどを販売しているが、何も買わない、ただ遊びに来ている文化系男子・女子も多し。

※27 **沈没している**……旅先でひとつのスポットに、特に何をするわけでもなく長居してしまうこと。廃人一歩手前。

そのような人たちがいそうなボロボロのゲストハウスを見つけたので、行ってみることにした。もちろん、相部屋だ。たしか宿泊費は三〇〇元（約九〇〇円）にも満たなかったと思う。相部屋のドアを開けると、二人の男がベッドに寝転んでいた。まだ午後四時だというのに。僕はひとりひとりと挨拶をして、順番に話をした。四人部屋で、二段ベッドが二台置いてあった。僕は下のベッドだったが、僕の上にいた男は、まだ大学四年生だった。

彼は、慶応大学の学生で、すでにある海運会社に内定が決まっていた。在学中に北京大学に留学していて、中国語は完璧にマスターしている。完全にエリートだった。台湾の友だちに会いに来たとのことだった。こんなボロボロの宿にエリートが泊まっている。現在はボランティアをやっていて、将来は起業したいとのことだった。

もうひとりは、三二歳の無職。いや、無職といっては失礼かもしれない。彼はパチプロだった。パチンコで稼いだお金で台湾に遊びに来たという。そのままタイ経由で、インドを目指すと言っていた。そのわりには、すでに台湾には一ヶ月ほどいて、のんびりしている。よほどパチンコで稼いだのか。古き良きバックパッカーといったような風情を感じて、僕は彼と仲

※28 ＭＲＴ……地下鉄のこと。捷運《ジェユン》とも言う。
※29 **中山站**……台北の中心街にある駅。すぐ近くに新光三越がある。今、ホットスポットになっている赤峰街も近い。

良くなった。ある日、彼は「台湾名物の夜市に一緒に行きましょう」と僕に言った。宿から歩いて一〇分程度のところに、地元の人にも評判の、特に食が充実していることで有名な寧夏夜市《ニンシャイエスゥ》〔※30〕があった。彼と歩きながらとりとめのない話をした。

「将来のことなんて何も考えてないです。ただ日本にいたくなかったんです」

彼はそう言った。僕もなんとか今はライターで食べているけれど、途中、会社を辞めて、海外に出たとき〔※31〕はまったく同じ気持ちだった。

「誰とも連絡をとっていませんね。話すこともないし、話すと「今何しているの」って話題になるじゃないですか」

僕もまったく同じ状況だった。二度目の会社を辞めたとき、一切の連絡を断った。いったい何を話せばいいのかわからないし、情けない状況を知られたくもなかった。しかし、新しい仕事を得るためには、正直に今の状況を伝える必要がある。そこから、もうどうでもよくなった末の海外放浪だった。

「最初は一週間すらいるつもりもなかったんですよ、台湾に。でも、居心地がよくて。ゆるいじゃないですか、日本より。すべてが」

※30 寧夏夜市……地元の人も行く、観光っぽくない夜市。食べ物屋台が特に充実している。

※31 海外に出たとき……台湾にハマってからは台湾ばかり行くようになったが、それまでは色んな国に行っていた。一番印象に残っているのはエジプトのピラミッド。あの土木感は忘れられない。

言いたいことはよくわかるような気がした。そのとき、僕はまだ台湾をよく知らなかった。

「なんか適当じゃないですか。この国。それでいて先進国だし。洗練と混沌のバランスがいいんですよね。なんでもかんでも洗練させればいいってものではなくて、清濁併せ呑む、っていうのかな。そういうのがうまいと思うんですよ」

その後、彼とは、僕が帰国することによって別れたが、ちょくちょく連絡は取り続けていた。二年後くらいに連絡をとってみると、なんとまだバンコクにいた。インドにたどり着いていなかった。何をしているのか、と聞くと、タイの映画やCMのエキストラのバイトをし、タイ人の女性と付き合っていて、彼女の家に居候しているという。たくましすぎる。

タイに行って［※32］、彼と一緒に遊んだことがある。待ち合わせ場所に着くと、タイ人の女性の高級車で現れた。彼は免許を持っていないので、運転も彼女だ。一緒に、ホイクワン［※33］の屋台街に行って、たらふくごはんを食べた。支払いは彼がしてくれた。僕は聞いた。

「これからどうするの？」

「まだ、何も決まっていませんね。とりあえず、今は充実しています」

※32 **タイに行って**……ソンクラーン（水掛け祭）を体験するためにバンコクに行った。あの祭は狂ってる。全国民が水を掛け合うのだ。しかも文句を言ってはいけないと法律でも決まっているらしい。僕も水浸しになって楽しんだけど、一回でいいかな。

※33 **ホイクワン**……マッサージパーラーが集まる場所にある大規模屋台街。夜中は仕事を終えたお姉さんたちがたくさんいるらしい。何を食べても美味しかったけど、政府の意向で閉鎖されてしまったようだ。

それ以上は僕も聞かなかった。果たして彼はインドにたどり着けるのか。それにしてもまだ、何もしないで海外をほっつき歩いている若者がいたことに、僕はちょっとだけホッとしていた。ある時期、そういう旅が嘲笑の対象になったことがあった［※34］が、僕は、旅はそれ以外に何をすることがあるのか、というスタンスだ。旅は何もしないということで自分の内面と向き合い、成長する機会を与えてくれる。そして、カルチャーの違いによって常識を覆され、外的要因からも自分を変えてくれるとても大事な通過儀礼だと思う。

また、話がそれてしまった。台湾には、そういうモラトリアムができる土壌がまだ存在していて、成長するための刺激にあふれている。それを一言でいうならば、台湾人が持つ、自由と寛容、なのである。これまで、サブカルチャーや、カウンターカルチャーなどにからめて話してきたことはすべてここに収斂《しゅうれん》する。寛容さが失われつつある日本から脱出して、僕は、久しぶりに心底リラックスしている自分に気づいた。

これはインドにおける牛理論（僕が勝手に名付けている）に似ているかもしれない。インドでは牛が人間よりも偉くて、道端を牛が占領していることがよくある。なによりも牛が優先なのである。そういう状況に置かれた

※34……九〇年代のいわゆる「自分探しの旅」が、後年、自分なんて見つかるわけがない、無駄だと嘲笑のネタにされることが多くなった。

とき、人間は、一種の諦観というか、どうでもよくなるというか、寛容な心を発揮する。台湾は、牛のいない（透明な牛のいる）インドなのである。透明な牛というのがミソで、それは洗練を意味する。そういうときに人間は何を一番優先させるかというと、自由なのではないだろうか。

僕は、地図の塗りつぶされていなかった白い台湾の場所を、帰国してから、丁寧に黒く塗りつぶした。でも、それはまだ、フリクションのボールペンのように、油断したら消えてしまうものであって、僕は何度も台湾に通って、自分が思ったことを確信に近づける作業を積み重ねていく必要があった。ときには、ポケットにいれたまま洗濯して真っ白になってしまうこともあったし、他の地域に浮気して、色が薄まってしまうこともあった。でも僕はしつこく台湾に通い続けることによって、この国に迫っていこうとした。

〈第二章〉

台湾再訪、台湾インディ音楽を知る

二〇一二年六月。目が覚めて時計を見ると、みるみる顔が青ざめていくのが自分でもわかった。その日は二度目の台湾に行く日だった。最初の台湾旅行から約半年。今度は夏だ。それもひとりではなく、ふたり旅になっていた。朝九時二五分成田発桃園行きのフライトチケット。搭乗予定だった中華航空［※1］の飛行機に僕は乗っていなかった。成田空港のチェックイン・カウンター前でうなだれて、ただ天を仰いでいた。乗っていたのは、一緒に搭乗する予定だった友人の西浦謙助《ニシウラケンスケ》くん［※2］ただひとり。僕は、フライトに間に合わなかったのだ。

言い訳をさせてもらうと、遅れて目が覚めて、このままでは間に合わないと思い、最寄り駅までタクシーを使った。そのタクシーの中に家の鍵を忘れてしまった。そして、それはもう仕方がない。そのまま空港に向かっていたのだが、途中で、家に今回の旅にどうしても持っていかなければならない台湾に関する資料の忘れ物をしてしまったことに気づいたのだ。この時点で僕は詰んだと思った。タクシー会社に連絡をとり、タクシーを呼び戻し、鍵を取り戻して、家に戻り忘れ物を見つけた。そしてまた空港に向かったが、時すでに遅し。飛行機は空の彼方《かなた》だった。ただ、救いの女神はいた。この頃、まだLCCはそこまで普及していなかったので、僕は中

※1 **中華航空**……台湾のフラッグシップ。チャイナエアライン。よく墜ちることで有名。ウィキペディアなどを見ると、空中分解した例などもあり、チケットを取るときは愛と勇気を友だちにする必要がある。

※2 **西浦謙助くん**……元相対性理論、現集団行動のドラマー。関西人のナイスガイ。出会いは下北沢の居酒屋。ちょうど西浦くんは相対性理論のサード・アルバム『シンクロニシティーン』発売を控えていた頃だ。僕はただの相対性理論のファンで、西浦くんのiPhoneに『シンクロニシティーン』のサンプルが入っていると知るや、聴かせてくれと懇願、西浦くんそっちのけで聴くという暴挙に出ていた（でもあのとき聴いた「チャイナアドバイス」の衝撃は今でも忘れられない）。そのときに通っていた予備校が同じで、同じ時期に通っていたり、同じ日本史の先生に習っていたことや、高校の最寄り駅が同じだったことなどが発覚し、意気投合。一緒に旅行に行くまでの仲良しに。中野サンプラザワンマンの翌日に中国の成都に旅行したことなどは今となってはよい思い出だ。

華航空でフライトを手配していた。そのおかげで、次のフライトに振り替えてもらえることになったのだった。

一方、待てど暮らせど僕が来ないと焦った西浦くんは、旅行の準備を僕に一任していたため、急遽《きゅうきょ》、空港で『地球の歩き方・台湾』を買い、桃園空港からやっとのことでバスに乗り、台北站に到着、そこから予約しているゲストハウスにほうほうの体でたどり着いていた。

遅れて、僕も台湾に到着した。けたたましいバイク音。レトロな街並み。僕は台湾に帰ってきたことをのんきに実感していた。そして一服してからゲストハウスに急いだ。約三時間遅れで僕らは合流できたのだった。西浦くんは会うなりこう言った。

「勘弁してくださいよ！　神田さんらしいですけど」

怒ったような、諦めたような感情をにじませながら話しかけてきたけど、僕は平謝りするしかなかった。

「まあまあ、ご飯奢《おご》るから！」

僕はそう言って、なんとかその場をごまかした。ゲストハウスは、初めてひとりで台湾を旅したときと同じく永康街の小自在にした。宿のドミトリーに着いて、荷物をおろすと、さて、さっそく散策に行くことにしようと僕は西浦くんに提案した。西浦くんは、相対性理論［※3］というバンドのドラマーだったので、まずはレコードショップに行こうということになった。

近所を散策しながら一緒にレコードショップを探した。一度目に行ったときに、僕は、小白兎唱片《シャオバイトゥチャンピエン》［※4］というショップを見つけて、近くにあるのを知っていたので、まずはそこに行くことにした。

外観は、オシャレなインディレコード屋といった趣きだった。僕と西浦くんは、ふらっと入ってみることにした。広さにして四〇平米くらいだろうか。そんなに広いわけではない。そこに所狭しと、世界中のＣＤやレコードが並べられていた。僕らが日本人だとわかると、女の子の店員が日本語で話しかけてきてくれた。

「どういったものをお探しですか？」

日本語がすごく上手で、シナミと名乗った。台北の美大の学生だという。

「えっと、台湾のポップミュージックを知りたくて……」

そう告げると、彼女は、ある棚に案内してくれた。そこには、明らかに、自主制作盤、といったような荒削りのＣＤが置いてあった。今、荒削りといったが、何が荒削りなんだろう。確かにそのときは、そういう印象を持

※3 **相対性理論**……二〇〇七年デビューのポップバンドで、印象的な女性ボーカルに独特の韻を踏んだ言葉遊びの歌詞で一気に時代の寵児となった。その後、色々あって西浦くんは脱退した。

※4 **小白兎唱片**……正式名称〈WHITE WABBIT RECORDS〉。師大地区の路地裏にある。

ったのだけど、いまどき、メジャーで作ったCDとインディで作ったCDの品質に違いがあるわけはない。ジャケットのアートワークだろうか。確かにそれはあるかもしれなかった。そこからは、どうしても表現したい！という静かな熱意が見てとれて、なんとなく、中身の音楽もリンクしている予感をさせるものばかりだった。そして、シナミちゃんの紹介の仕方がユニークだった。

「これは、台湾のナンバーガール［※5］、これは、フィッシュマンズ［※6］……」

全部、日本のアーティストに当てはめて、紹介してくれたのだ。実にわかりやすい。その中から数枚購入し、日本に帰って聴くことにした。そんなシナミちゃんだから、僕は、もしかしてと思って西浦くんのバンドを知っているか尋ねてみた。

「もちろん知っているよ！　「地獄先生」［※7］でしょ！」

そこで一気に三人は意気投合したのであった。台湾に新たな友だちが出来た瞬間だった。

シナミちゃんは、日本文化が好きと言いつつも、ちゃんと日本に対して、ダメなところははっきり言うタイプのとてもしっかりした、軸がぶれない

※5 **ナンバーガール**……一九九五年に福岡で向井秀徳を中心として結成されたオルタナティブ・ロックバンド。二〇〇二年に解散。

※6 **フィッシュマンズ**……ボーカル、ギターの佐藤伸治を中心として一九八七年に結成。ダブやレゲエを基調としたサウンドを展開した。代表的なアルバムに『空中キャンプ』『LONG SEASON』『宇宙 日本 世田谷』など。

※7 **「地獄先生」**……相対性理論のセカンドアルバム『ハイファイ新書』収録。

女の子だった。ちゃんと選挙にも行くし、美大の六年生だが、好きな音楽に関わる仕事につくために、ライブハウスの照明の仕事とレコードショップの店員を兼務して働いているから学校に行く暇がないのだ。その点でも、単にモラトリアムで、だらだらと五年間も大学に残った僕とは雲泥の差だ。自分が情けなくなる。シナミちゃんに限らず、台湾の若者はちゃんと自分の意見を持っている人が多い。

今、台湾のインディアーティストと日本のインディアーティストの交流はとても活発で、音楽性のクロスオーバーも当たり前に行われているが、このときは、まだその萌芽《ほうが》のようなものが見えているだけだった。このレコード屋も、サブスクリプション〔※8〕の勃興でいつなくなるかもしれない。イギリスのＨＭＶ〔※9〕だって破産してしまったのだ。シナミちゃんは、台湾大学の最寄り駅、公館站近くにある〈THE WALL〉というライブハウスでバイトしていて、僕も台湾に来た際には、度々訪れるようになった。何回か行くうちに仲良くなったのが、店長のスパイキーくんだ。音楽関係者にしては珍しくガタイがよく長身だが、大人しそうで人見知りしそうというのが第一印象だった。でも、いざ話しだすと流暢《りゅうちょう》な日本語で話が止まらない。話を聴いていると、面白くてどんどん好奇心が止まらなくな

※8 サブスクリプション……定額聴き放題の音楽サービス。Spotifyや Apple Musicなどが有名。

※9 ＨＭＶ……イギリスの大手CDショップチェーン。二〇一九年に二度目の破綻。

ってくる。このときは、台湾インディ音楽三昧で楽しく帰国したのだった。

その後も、シナミちゃんやスパイキーくんとの交流は続き、台湾のインディ音楽の目覚ましい発展を目にしてきた。そういう流れで、僕のなかでも台湾インディ音楽に対しての、もっと突っ込んだ知識が知りたくなっていった。そこで改めて、スパイキーくんに台湾のインディ音楽について取材することにした。スパイキーくんの個人史を通して、何か浮かび上がってくるものがあるんじゃないかと思ったので、音楽に出会ったキッカケから聞くことにした。場所は台北のとあるカフェ。二〇一九年の出来事。

「僕のキャリアは、DJアーティストとしてスタートしたんですけど、そのあと〈THE WALL〉に入って、その後独立して、レコードショップをやりました。そのときに日本のインディレコードを輸入していたんです。二〇一八年の春に店を閉めてライブハウス〈台北月見ル君想フ〉のスタッフをするようになりました。そのあと〈THE WALL〉の経営者に誘われて店長になりました」

彼と音楽との出会いは、二〇〇二年。〈spin〉というDJバーに通いだしたことから始まる。

「僕はもともと、そこの常連だったんです。そこでは、ニルヴァーナ［※10］

※10 **ニルヴァーナ**……アメリカのロックバンド。グランジというジャンルを確立した。ボーカルのカート・コバーンはのちに薬物服用の上ショットガンで自らの頭を撃ち抜き死去。

とかブラー［※11］とか、他ではかからないアーティストがかかって、好きだったんです。僕もターンテーブルを買ってDJの勉強を始めました。そんなときに〈spin〉のオーナーから、やってみないかと声を掛けられて、DJのキャリアがスタートしました。そのときの台北のインディバンド音楽シーンは、〈地下社會《ディシャシュフィ》〉［※12］というライブハウスが元気で、一九九六年からあったライブハウスなんですけど、二〇一三年に閉まるまで中心的な存在でした。ダンスミュージックが流行《はや》っていて、インディエレクトロ、ロックのエレメントが強くて、だから台北のライブハウスもクラブ寄りのイベントが多かったように思います。日本の影響はそれほど強くなかったかな。台北は、ポストロック、パンク、が伝統的に強いんです。二〇〇〇年代は、プログレッシブハウスとか、トランスとか、ビッグピット、ブレイクピットでした」

彼が日本の文化に興味を持ったきっかけは、中学一年生のときに見た「東京ラブストーリー」［※13］の音楽だった。とてもフレッシュだったという。その後も日本のドラマやCMなんかのセンスのよさに憧れをもち、二〇〇九年のサマソニ［※14］に参加する。

「台湾のフェスは、ちょっと適当なところがあって。僕のパーソナリティ

※11 **ブラー**……九〇年代ブリットポップムーブメントの旗手。オアシスとその地位を争った。

※12 **〈地下社會〉**……台北の師大にあったインディ音楽の聖地のような存在だったライブハウス。のちに閉店。

※13 **「東京ラブストーリー」**……柴門ふみ原作、坂元裕二脚本で一九九一年の月九枠でフジテレビで放映されたドラマ。主演は鈴木保奈美と織田裕二。

※14 **サマソニ**……都市型ロックフェスの先駆け。台湾のバンドも多数出演しているので、台湾の音楽好きにも有名なフェス。

が真面目すぎるところもあるんですけど、日本の真面目なやり方に感動したんです。それで、台湾に帰ってからも「日本に戻りたい」という気持ちが消えなくて。それで、日本に住んでいる台湾人の友だちに長い期間住まわせてくれと頼んで日本に行くことにしました。この機会に日本語学校にも通いました。二〇一〇年三月のことです。あまりライブには行かなくて、週末に行くくらい。とにかく日本語をがんばって、半年くらいいました。日本はレコードショップがたくさんあって、とにかく楽しかったですね」

台湾に戻って、ライブハウス〈THE WALL〉に入った彼は、ブッキングを担当、のちに独立して、二〇一四年、レコードショップを開店する。

「もっといろんな人と交流したいから、なんとなくお店を持ったほうがいいのかなと思って。そして日本のレコード屋の〈JET SET〉［※15］とかディストリビューターとかに勝手に英語と日本語のメールを送って、そのときから本格的に日本のバンドを聴き出しました。最初に仕入れたのは、デビューしたばっかりのyogee new wave［※16］で、〈JET SET〉から五枚買いました。店で友だちにオススメして、すぐ売り切れました。だけど〈JET SET〉から買うと高いので今度はマネージャーさんに直接コンタクトをとってみました。一〇枚、二〇枚買えませんかって。二〇一四年一月、東京

※15 〈JET SET〉……京都と下北沢にある老舗レコード店。

※16 yogee new wave……二〇一三年に結成された日本のロックバンド。幾度かのメンバーチェンジを経て現在の四人に落ち着く。never young beachとは旧友。

で、初めてマネージャーさんに会うことができました。出発前にメールでやり取りしていて、yogeeは出ないけど、ちょうどうちの新人が出るライブがあるからよかったら見ていってと言われたライブがあって。〈新代田FEVER〉[※17]でした。それがnever young beach[※18]でした。対バン相手はデビュー前のSuchmos[※19]でした。今考えると、招待制のショーケースライブだったかもしれません。そのあと、台湾に帰って、〈台北月見ル君想フ〉のオーナーの寺尾ブッタさんと、「できれば今年、yogeeとネバヤンのツーマンライブを実現したいね」と話して。それで九月に実現できたんです。それまではほとんどDJイベントのブッキングだったんですけど、たぶん、初めてバンドのライブをブッキングした瞬間でした」

それからは、月見ルと彼のレコードショップの共同主催で、ラッキーテープス、homecomings[※20]、yeye、思い出野郎Aチームなんかの日本のインディアーティストを呼ぶことになる。

「台湾人の音楽ファンにもとても反応がよくて。LCCが格安だから日本のアーティストが来やすいという環境もあるのでしょうね。日本と台湾のオーガナイザー同士はそんなにつながっていないんですけど、アーティスト同士がつながってクロスオーバーが起こっているということは言えると

※17 **〈新代田FEVER〉**……京王井の頭線新代田駅にあるライブハウス。上がプールになっている。

※18 **never young beach**……通称ネバヤン。

※19 **Suchmos**……「STAY TUNE」でブレイクした和製ジャミロクワイともいわれたバンド。なぜか今年になって活動休止に。

※20 **homecomings**……京都のインディレーベル、セカンドロイヤルから、二〇一一年、ポニーキャニオン内、IRORI Recordsからメジャーデビューした4人組バンド。インディ時代は平賀さち枝とのコラボも話題になった。

※21 **DSPS**……かつての下北系サウンドを彷彿とさせる台湾のギターポップバンド。僕は嫌いじゃない。ちなみにギターポップというフレーズの初出は、フリッパーズのマキシシングル「カメラ!カメラ!カメラ!ギターポップVersion」なのだろうか。そう言えばマキシシングルってあったよなぁ。マキシシングルの初出も知りたくなってきた……。

思います。日本のhomecomingsと台湾のDSPS［※21］、日本のシャムキャッツ［※22］と台湾のサンセットローラーコースター（落日飛車）［※23］など。台湾では、本格的なマネージャーがいないというのも関係しているのかもしれないですね。DSPSは下北系の爽やかギターポップみたいな音です」

では、台湾のインディシーンは日本の音楽にどの程度影響を受けているのだろうか。

「今話したような台湾インディバンドシーンの話で言えば、九〇年代は、ペイヴメント［※24］やレディオヘッド［※25］など欧米の音楽に影響を受け、二〇〇〇年代は、ナンバーガール、フィッシュマンズなど日本のオルタナティブの影響を受け、現在は、世界標準のシティ・ポップ［※26］などの影響を受けている、と言えるでしょうね。でも、それはあくまでもインディ音楽の一部です。一方で、台湾のインディ音楽は、政治の影響をすごく受けているんです」

スパイキーくんは続ける。

「九〇年代までは、（与党である）国民党反対という反権力の象徴。インディ音楽は、中国語で「獨立音楽」と書きますが、この独立は、メジャーレー

※22 **シャムキャッツ**……幼稚園からの幼馴染である夏目知幸と菅原慎一を中心として結成された日本のポップバンド。二〇一八年にはフジロックにも出演。二〇二〇年に解散。

※23 **サンセットローラーコースター（落日飛車）**……フジロックにも出演した実力派シティ・ポップバンド。日本だけでなく、欧米での評価も高い。

※24 **ペイヴメント**……九〇年代にアメリカで活躍したポップバンド。CDはマタドールレコードからリリースされたということからも分かる通り、カルト的な人気を博した。

※25 **レディオヘッド**……CDの内容よりも、むしろ今となってはタナソウ（田中宗一郎）のライナーノーツのほうが頭に残っているという……。

※26 **シティ・ポップ**……大滝詠一や山下達郎、その山下が在籍していたシュガーベイブから、日本のバブル前夜、その期間も含む都会的な音楽のこと。定義が難しいが、永井博のジャケみたいな感じと言えば伝わるだろうか。海外で激バズりした曲に、竹内まりやの「プラスティック・ラブ」や松原みき「真夜中のドア／stay with me」などが挙げられる。

ベルからの独立という意味と台湾の独立という意味の、ダブルミーニングなんですよ。ChthoniC（ソニック、現地表記で閃靈樂團）〔※27〕という有名なインディバンドがいて、ボーカルのフレディ・リムは今、議員になっています。イベントオーガナイザーもしていて、彼の事務所の名前は、台湾独立音楽協会なんです。意味としては通りますし問題もないのですが、絶対に政治的な意味も含まれているでしょっていう（笑）」

そんな台湾インディ音楽業界に変化が訪れた。

「台湾で、もっとも有名フェスのひとつである「フォルモサフェス」もこの台湾独立音楽協会が主催だったんですよ。それが徐々に政治色が消え、音楽が洗練されていくとともに、インディ音楽のイメージもすごく変わりました。日本のオルタナシーンの影響も大きかったと思います。ナンバーガールやGOING STEADY〔※28〕などを聴きながら、徐々にファッションや音に変化が出始めたんです」

今、アジア周辺では、ちょっとした台湾インディ音楽ブームである。台湾は多民族国家であり、その民族音楽の影響を受けたサウンドや、イギリスやアメリカを含む世界各国で流行していた日本のシティ・ポップをいち早く取り入れたり、言葉の壁に左右されないインストゥルメンタル〔※29〕の

※27 **ChthoniC**……台湾を代表するメタルバンド。歌詞は政治性全開。反権力の姿勢はぶれない。

※28 **GOING STEADY**……銀杏BOYZの前身バンド。台湾でも大人気。

※29 **インストゥルメンタル**……歌のない楽曲、演奏のこと。

音楽が多いことなどが、ブームの一因と僕は考える。

台湾のインディ音楽は、ライブハウスの動員や、ストリーミングの収益増加、新興レーベルの設立が立て続けに起きるなど、若者を魅了するカルチャーの一大勢力となりつつある。その人気は日本でも知れ渡っている。ディスクユニオン新宿中古館・ブックユニオン新宿の担当者に聞いてみた。

「アジア音楽フェアを開催したときには、台湾インディのCDをまとめ買いしていったお客さんも数多くいました。アジア諸国と同様に、音楽性がバラエティーに富んでいるところが特徴で、そこが受け入れられている理由でもあるでしょう」

日本を代表する音楽フェスティバルである、フジロック・フェスティバルに出演したサンセットローラーコースター（落日飛車）や、サマーソニックに出演したエレファントジム（大象體操）［※30］、りんご音楽祭に出演したDSPSらが代表的な存在。彼らは、日本でも一定の人気がある。

アジアの諸外国を音楽で魅了する一方、台湾の若者の間では、中国からの「一国二制度」［※31］への移行の圧力に対して、それに対抗する「台湾意識」と呼ばれる、独立意識が非常に高まっている。二〇代の間では、そういった中国との摩擦を意識しない「天然獨《ティエンランドゥ》」という〝生まれながらに独立

※30 **エレファントジム（大象體操）**……レペゼン高雄の三ピースインストゥルメンタルバンド。エッジの効いた演奏がカッコいい！

※31 **「一国二制度」**……もともとは香港やマカオに適用され、高度な自治権を認めていたが、国家安全法の香港適用により、実質瓦解。台湾にもこの制度の導入を迫っている。

派〟という意味の造語が生まれた。

二〇二〇年一月に行われた台湾総統選挙に勝利した民進党の蔡英文は、五月二〇日、総統として二期目をスタートさせ、就任演説を行った。内容は、中国に対する、「一国二制度」への拒否。これは、蔡英文《ツァイインウェイ》一期目の民進党が打ち出していた、現状維持路線を改めて継承するものだと言える。

一般的に台湾では、民進党は若者が支持し、国民党は、高齢者が支持するというイメージが成り立っており、今回の総統選は、若者の投票率の高さや、世界各所から台湾人の若者が帰省して投票する姿も注目された。結果は、民進党の勝利だった。

では、なぜごく普通に政治的な音楽が流通していた過去や、若者の政治意識の高さにもかかわらず、現代の台湾のインディ音楽のアーティストが政治的要素を含む音楽をやらなくなったのか。単にミュージシャンたちの志向がオシャレになっただけではなく、別の理由もあると語るのは、先ほども名前の挙がった〈台北月見ル君想フ〉のオーナー・寺尾ブッタさん。口の横に長いひげをはやして、中国人ルックなイメージのブッタさんは、以前台湾取材のときに通訳を頼んだこともある。最初に興味を持ったのは中国と言っていたが、今では台湾通として知られている。そんなブッタさんにも取材することにしたのだった。

「台湾のアーティストは、自国のマーケットがそこまで大きくないので、海外を目指す傾向があります。昔から中国大陸や東南アジアに進出して、現地で成功を収めるアーティストも多いんですね。特に近年は中国大陸の音楽市場の成長が著しく、現地とのビジネスを重視している人たちにとっては、政治について言及するのは自身の活動の思わぬ障壁になるリスクもあって、難しい」

経済的に中国と協力して、利益を出し合っていこうという国民党支持者のマインドと近い思想を持つ若いミュージシャンは、大陸を目指す傾向があるのだろう。

「常にマーケットを拡大していこうとしている台湾のアーティストにとって、中華圏以外の国でそれを獲得することは重要視されていて、その中でも同じアジアである日本の音楽マーケットというのは、世界二位という規模から見ても、とても重要だと考えられています。ただ、日本で成功するのは非常に難しいことだというのは、みんななんとなくわかっています。やはり言語の問題が一番大きいんでしょうが、チャンスがあればもちろん挑戦したいとも思っている。なので、台湾のアーティストにとって、日本で評価されるというのはとても付加価値として大きいことなんです」

レーベルやミュージシャンの思惑とは別に、台湾当局には台湾当局の、国を挙げての思惑もある。

「当局も、国際社会の中で台湾の文化を押し出していこうと力を入れています。様々な助成金などでアーティストを支援しているのは、そういう側面もあります。ただ、アーティスト側からすると、手厚い支援を受けるのと同時に、政府から（経済的な面を含めて）一定の影響力を受けてしまうことにもなります」

この話を聞いて最初に思ったのは、台湾の外交とまったく同じ構図じゃないかということだった。中国とはリスクがありながらも、切っても切れない間柄。日本とは正式な国交が樹立されていないことで、片思いながら、積極的に文化を輸出する関係だ。

スパイキーくんはこう語ってくれた。

「僕ら（三〇代）の世代は台湾のインディ音楽が、「始まりは政治的な音楽だった」というルーツをみんな知っているけど、表立っては言わないようになってしまいました。でも、僕は、音楽と政治は切っても切れないものだと思っています」

現在の日本ではあまりない意識だ。

「やはり今、台湾で、中国と様々な問題があって、アーティストたちが表現するなかで、生活、仕事、恋愛など……いろいろなテーマがある。そのなかに、「政治」がなかったらおかしいと思うんです。当たり前のようにあることが、自然だと思っています」

台湾人の若者は本当に政治意識が高い。台湾人の若者と雑談をしていても、政治の話になることが多い。それほど、政治が生活と密接に結びついている。だが、政治色が強い音楽だけがあふれるのも健全ではないと僕は感じる。主義主張関係なしに、美しい音楽を聴きたいと思う人もいるだろうし、もちろん、ミュージシャンにも政治的なことに興味のない人もいるだろう。つまり選択肢があることが重要なのだと思う。

中国国内の内製音楽はすでに飽和しており、台湾インディ音楽も中国で苛烈な競争に晒《さら》されている。そのとき、マーケット拡大のためだけに政治色を消し去り、大陸進出したミュージシャンたちは、自分たちの態度が正しかったのかどうか、今度は、逆にリスナーに問われることになる。そのとき、彼らはどんな選択をするのだろう。スパイキーくんやブッタさんの話を聴いて、僕は、音楽のことより、台湾人、特に若者たちのなかにある政治意識についてさらに突っ込んで取材したくなった。台湾の若者は、日本の若者にないものを持っている。音楽を取材すると政治に行き着いた。そして、また違った台湾が見えてきた。僕の好奇心はつのるばかりだった。

〈第三章〉

台湾と中国、台湾アイデンティティを巡って

「二〇一九年五月一七日、台湾で、アジア初となる同性婚を認める特別法が、立法院で可決された」[※1]

ブラウザを開くと、ニュースが流れてきた。なぜ、台湾は、こういうことをいち早く行うことができるのか。それは、台湾の複雑な政治や国際関係事情によるところが大きいのではないか。台湾は、常に戦っていなければならない。そのことと関係しているのではないだろうか。台湾人の、そのよって立つアイデンティティは何なのか。政治について、国際関係について、どう考えているのか。それを聞き出すべく、一週間後、僕は、台湾に飛び立った。

五月下旬の台湾は、蒸し暑く、雨が降っていた。LCCを使っていつもの桃園国際空港に降り立ち、いつもの台北站行きのバスに乗る。晴れている台湾しか知らないので、どこか違和感がある。それは僕の心と微妙にシンクロして、より一層僕を不安にさせた。今回は、台湾人の友人、dodoに久しぶりに会って、台湾のアイデンティティの問題を取材するつもりで来た。

常日頃から仲良くしている友人だけど、いざ、政治の話や、アイデンテ

※1 **同性婚を認める特別法が、立法院で可決された**……アジア初の同性婚を認める法律は、周辺にも影響を及ぼすことを期待されたが、日本にはまだ届いてはいないようだ。台湾では、二〇二一年四月末時点で、五八七一組のカップルが成立したという。

ィティの話をじっくり聞くとなると、本当にちゃんと腹を割って話してくれるのか、僕のことをそこまで信用してくれているのか、不安で仕方がなくなる。僕は、事前にこのようなことを聞きたいということを話していない。ぶっつけ本番で聞くつもりでいた。なんとなく、事前に伝えておくことは、友人としてあるべき態度じゃない気がしたからだ。いろいろ話を聞かせて、くらいにとどめておいた。バスは、曇り空に変わった台北の空の下、台北站に着き、そこから西門站《シーメン》［※2］近くのホテルにタクシーで移動して、ホテルの部屋で、質問事項を練って、翌日に備えてその日は就寝した。

翌朝。一〇時に、台北のなかでも最近、気になっていた街、六張犁站《リョウザンリ》［※3］で友人のdodoと待ち合わせしていた。僕は、なんだか緊張して早起きしてしまい、朝九時には目的地に着いてしまった。せっかくなので街をぶらぶらしていたら、dodoから三〇分遅れるとのＬＩＮＥが入った。いつもの寝坊だ。dodoには遅刻グセがある。僕は仕方なく、近くにあったファミリーマートのイートインでコーヒーを飲みながら待っていたが、いつの間にか、僕のほうが眠っていた。

――気がついたら、dodoから着信があった。時間は一〇時三〇分。今度は僕が寝坊していた。急いで駅に向かう。すると横断歩道の向こう側に

※2 **西門站**……台北の原宿と呼ばれるが、どちらかというと、新宿、秋葉原っぽい。

※3 **六張犁站**……立地は申し分ないのだが、家賃がリーズナブルなのはお墓が多いからららしい。

dodoの姿が見えた。ジーンズに白いシャツ、化粧っ気のないシンプルないつもの格好だ。僕の姿を見つけて手を振っている。信号が青になると、僕は横断歩道を渡り、「好久不見《ハオジョウブージエン》！（久しぶり）」と少し前から習い始めた中国語を使って挨拶してみた。

「覚えたて！」

dodoはそう僕をからかい、笑顔を見せた。さっそく僕らは近くにあるカフェに入った。

最初は、僕の習いたての中国語［※4］をみてもらったり、近況報告なんかをしたり、dodoに頼まれていた日本で開催［※5］されるマンチェスターシティのサッカーのチケットを渡したりして（dodoはサッカーの大ファンなのだ）時間はすぎていったけど、徐々に会話は核心に迫っていった。

「今日はdodoにいろんな話を聞かせてもらいたいんだけど」

僕は、恐る恐る話を切り出してみた。

「いいよ、何でも聞いて」

dodoは笑顔であっけらかんと僕に言う。

僕はもう開き直って単刀直入に聞いてみた。

「あのさ、dodoは台湾独立派［※6］なの？」

※4 **習いたての中国語**……最近サボっている上に老師の田中くんが福井に移住してしまったため先生もいない。誰か教えてください。もちろん有料で。

※5 **日本で開催**……dodoが来日した際に高円寺で会ってご飯を食べた。合言葉は「好久不見」（これしか言えない）。

※6 **台湾独立派**……台湾に台湾人が主権を持った独立国家を建設することを目指した運動のこと。またそのシンパ。

言ってしまった。しばらくの沈黙。そしてこんな回答が返ってきた。

「独立って言葉は気をつけないといけない言葉なのよ」

僕は、直感的にしまったと思った。dodoが発した言葉の意味が摑めずにいた。

「独立ってことは、わかる？ 何かに帰属しているから独立ってことがありえるわけ」

「うん……」

「台湾は、別に中国に帰属してはいない。だから独立じゃなくて建国なの［※7］」

dodoは一九八一年生まれで、僕とほぼ同世代。外省人［※8］の父親と南投人［※9］の母親との間に生まれたハーフ（自分で言っている）だ。でも、今どきは、外省人なんて言葉は、時代遅れの言葉だから、dodoは使わないと言っていた。昔は、外省人はタロイモ、本省人はサツマイモと呼ばれたらしい。父親はサラリーマン。母親は、ある新聞社に勤めていた。その新聞社は、保守系の新聞として知られていた。生まれたところは、現在の大安区《ダーアンチー》、大安森林公園のあるところで、眷村《チュンスン》と呼ばれていた。そこは、外省人が集まる地区で、周りには、外省人、国民党［※10］の人間しかいなかっ

※7 **独立じゃなくて建国**……台湾は中国の一部という考えは、中国の一方的な言い分である。

※8 **外省人**……国民党とともに中国から渡ってきた人のこと。

※9 **南投人**……台湾の南投地方に住んでいる台湾人のこと。

※10 **国民党**……蒋介石が率いた政党。毛沢東率いる中国共産党に破れ、台湾に逃れる。

た。でも、中国の各地から集まっていたので、いろんな中国の方言を聞いて育ったという。眷村の周りには、台湾人が住んでいて、そこには「壁のない壁が存在した」んだそうだ。一〇歳頃まではそこに住み、やがて、取り壊しにあうことになって引っ越す。ちなみに通っていた小学校はエドワード・ヤンの映画『ヤンヤン夏の思い出』［※11］の舞台となった龍安国小だ。

「学校では台湾人の子どもたちとも仲良く遊んでいた、台湾語も話せたし、楽しかった。でもさ、台湾の小学校の授業の教科書って地理歴史が一〇％くらいなのよ。それもほとんど中国のものなの。そんなの行くこともないし、覚えても意味ないよ！　ってずっと思っていた。それよりも台湾の他の地域の地理や歴史を覚えたい。私、地理歴史好きだし。でも、中国大陸も中華民国の領土だから、覚えないといけないという大義なのよ。これって本末転倒じゃない？」

　大学生のときに、陳水扁《チンスイヘン》［※12］が台湾の大統領（二〇〇〇〜二〇〇八年）になった。その政策にすごくショックを受けた。台湾という国、アイデンティティを意識しはじめたのはこの頃だった。それをdodoは台湾意識と呼んだ。

「そうなんだ。じゃあさ、台湾意識ってそもそもなんなの？」

※11 **『ヤンヤン夏の思い出』**……二〇〇〇年公開の台湾ニューシネマを代表するエドワード・ヤン監督の劇場映画。第五三回カンヌ国際映画祭で監督賞を受賞。

※12 **陳水扁**……貧しい家庭の出身から大統領になった人物で、弁護士出身。美麗島事件の被告弁護団に従事したことから反国民党運動に参加するようになり政界に進出。民進党初の大統領で、大胆な台湾独立政策で知られる。

台湾アイデンティティには、三種類あるとdodoは説明してくれた。

●台湾意識　中国は中国、台湾は台湾。
台湾の名前を全世界に認めさせるってこと。

●中華民国意識　中国大陸は昔の領土の一部。
中国＝中華民国。台湾は中華民国の合法領土。
これはかなり難しい概念。台湾ではなくて、中華民国だから、中国大陸も含まれている。今の憲法は中国大陸のことも書かれているわけ。でも、それは、私たちには関係ないことよね。

●中国意識　台湾は中国の一部という考え。
これは、馬英九みたいな人のこと。

「だいたい、選挙では、中華民国意識の人が、どちらかに揺れて、勝敗が決することが多い。浮動票というやつね。ここの人たちをどう取り込むかが選挙の鍵よ。要するに、台湾意識を持っている人たちは、台湾の新しい憲法をつくりたいと思っている。ちゃんとした国として建国して、新しい憲法をつくって、国際社会の仲間入りをしたいと思っている。それが台湾意識なの。小さい頃から、中華民国として教育を受けてきて、初めて台湾意識を芽生えさせてくれた人が台湾人の大統領となった李登輝さん、その次が、民進党として、政権交代を果たした陳水扁さんよ」

中学校を卒業し、dodoは、進学校のとある高校に進学する。そこではバンドに明け暮れた。ギターを始めて、主にオリジナル曲を演奏した。学校のサークルだった熱音社（ロックンロール・ミュージッククラブ）には、台湾で有名なインディバンドがたくさんいた。先輩たちは、いろんな音楽を教えてくれた。ちょうど時代は、九〇年代。ニルヴァーナ、オアシス［※13］、ブラーと綺羅星《きらぼし》のごとくスターバンドが世界にあふれていた。

「NHKの国際放送でLUNA SEAを聴いてハマって日本の音楽も聴き出した。ビジュアル系（笑）。それからX JAPANも聴いて、スピッツ、ミスチルとかね！」

台湾のウッドストックと呼ばれた「spring scream」に出るためにみんなで頑張った。青春そのものだった。学校も自由そのもの。土曜日は私服OKで、dodoは鼻ピアスをしていたが、何も言われなかった。ここで、人間の多様性を学んだ。そして、大学に進学する。最初は、一般の大学の経済学部に進学したが、合わなくて、台湾芸術大学に進学し直した。そこで、第

※13 **オアシス**……ノエル・ギャラガーとリアム・ギャラガー兄弟によるブリットポップを代表するバンド。よく兄弟喧嘩する。

二のショックを受けた。今まで外省人に囲まれて生きてきたけど、大学にもなると台湾の他の県や市の人たちがいる。その人たちと仲良くなるにつれ、国民党がいかに昔、二二八事件［※14］など、酷《ひど》いことをしてきたかを嫌でも知ることになる。親族を殺された人もいる。そのとき、dodoは自分のアイデンティティについて考えざるをえなくなった。私は何者なのか。

「私の周りには国民党の人しかいなかったから教えてくれなかったのかもしれないし、偶然だったのかもしれない。それはわからないけど。でもとにかく、そういう人たちと知り合って、私の考えは変わった」

僕らはカフェを出た。ちょっと話しすぎて疲れたので、お昼ご飯でも食べようということになった。六張犁の街は、文化系女子が好んで集まる街だそうだ。そう言われてみれば歩いているのは圧倒的に女子が多い。オシャレなカフェやセレクトショップも点在している。僕は目移りしながら、街をキョロキョロしながら歩いた。次は、dodoオススメの変わった小籠包を出すお店に入った。出てきたのは、小籠包にアイスクリームが載ったのと、麻婆豆腐が載ったのと、ふたつ。なんだこれは。まあいい。話の続きを聞こう。

「私が大学に入ったころは、インターネットの勃興期、情報が無限に入っ

※※14 二二八事件……一九四七年に起こった国民党政権と外省人による本省人への白色テロ。

てきた。いろんなことを知ることができた。教科書に嘘が書かれていることがすぐにわかった。それが決定的だったと思う。台湾は、いつ中国から攻め込まれるかもわからない。国としても承認されていない。いろんなアイデンティティの人の集まりでもあって、一致団結することが難しい。そういう環境のなかでは、常にファイティン！　していることが大事なの。だから、みんな政治に関心があるの。フリーチベットの運動［※15］に賛同して、台北でビースティ・ボーイズ［※16］のライブが行われたときは外国人がみんな台北に集まった。そのときは本当に感動した。同性婚法案が可決したときだって、感動した。矛盾するようだけど、台湾の自由は、抑圧あっての自由なのよ」

僕は、ドキッとした。抑圧があるからこその自由。台湾より、自由が空気みたいな存在で、自由のありがたさが麻痺《まひ》してしまっている日本人の僕には、ことさら響いた言葉だった。確かに、日本でも不自由だと思う瞬間はある。しかし台湾に比べたらちっぽけなものだろう。自由がなくなってからでは遅い。僕は日本の政治で今何が起きようとしているのかをちゃんと監視し、いつまでも自由があるようにしなければ、と襟を正した。

「ある意味で日本は羨ましいの。政治のことを考えなくてすむでしょ。

※15 **フリーチベットの運動**……中国によるチベット占領を終結させるための運動のこと。

※16 **ビースティ・ボーイズ**……一九七八年に結成されたアメリカのヒップホップグループ。アメリカで累計二〇〇〇万枚以上売り上げ、アメリカで最も売れたラップグループとなっている。

Facebookのタイムラインは、台湾人は新聞記事のシェア、日本人はグルメ記事のシェア[※17]。私も自分がやりたいことに没頭したいけど、そうもいかないの。よく冗談で言うの。日本に帰りたいって。サンフランシスコ平和条約の台湾放棄の前の意味での、日本に帰属したいなって（笑）。でもやっぱり台湾建国は私の課題と願望だから、頑張らなきゃいけない」

笑っていいのかわからなかったけど、僕は大声で笑った。そしてdodoも笑った。しばらくふたりして大声で笑い続けた。周りから見たら奇妙な光景だったに違いない。僕は再訪を約束し、名残惜しんでdodoと別れた。

日本に帰国後、もっと下の世代の話も聞いてみたい。そう思って、もうひとり、dodoとは年代の違う、八八年生まれの台湾人の友だち、師大のレコード屋で知り合ったシナミちゃんにも話を聞いてみることにした。シナミちゃんは八年かかって大学卒業後、無事に日本のライブセッティングの会社に就職し、PAとして日本に長期滞在していた。彼女は両親ともに本省人。母親は公務員。父親は、パソコンの修理を生業としている。

「私はもともと親の影響で国民党支持者だった。それが変わったのは、中国のSARS（重症急性呼吸器症候群）の件があったからだった。あのときに、WHO（世界保健機構）で世界各国が集まって情報をシェアするんだけ

※17 台湾人は、新聞記事のシェア、日本人は、グルメ記事のシェア……最近、そうでもなくなっているのが怖いというか、逆に健全なのか、わからないところだ。

ど、そこに台湾は中国の圧力［※18］で会員に入れなかった。中国でSARSが爆発したときに会員国以外の国にその情報をシェアする義務がないんだよ。それで、隣の国じゃん。台湾の代表チームはWHOに報告に行ったのね、現状を。そのとき記者が、中国に聞いたのね、「なぜ台湾の入会を阻止するのか」って。中国が言ったのは、「そんなの知らねえよ」。それがテレビでずっと繰り返し流された。それを見たとき、ヤバイと思ったの。このまま行ったら国際社会から弾《はじ》かれる、現状維持というのは選択肢としてはないなと思った。独立しかないって。でも、独立と言葉にするのは今でも抵抗がある。実際に独立しているじゃん。国としては別だし、政府も違うし。単なる同じ言葉を使っているだけ。アメリカとイギリスみたいなもんだよ。わざわざ独立するって言う必要があるのかなって。口にするから付属品みたいに思われる。そもそも付属品じゃないじゃんって。私が独立を口にするのは、国際機関に認めさせるためという感じ」

dodoとは、やはり若干世代が違うため、認識に差がある。下に行けば行くほど、もう別の国という意識がもともとあるみたいだ。中国との葛藤はそれほどない。

「私、五歳下の妹がいるんだけど、その世代は、もうそもそも台湾と中国

※18 **中国の圧力**……TPP加入問題でも今、中国と台湾で揺れている真っ最中だ。アメリカがどう出るか、注目が集まる。

との間の葛藤もなくて、もう普通に私達台湾人でしょっていう世代。「天然獨」って言われているんだけど。教科書は私の頃には、歴史の教科書の他に認識台湾というものがあって、そこに台湾の歴史が載っていた。最近は、台湾人の文学者も載るようになって変わってきている。私が思うのは、文化に対しては、中国のものもある程度は学ぶ必要があると思う。あと大きいのは、今の民進党の大統領の蔡英文がとても進歩的だからだと思う。同性婚法案もそうだけど、その前に年金改革もやっているの。それはそれで公務員から反発もあったんだけど、やらなきゃいけないことは全部やったんです。一部から反発が予想されても社会のためにやらなきゃいけないと思ったことはやる。日本の安倍とは真逆ですね（笑）。日本の若い人たちって本当に無関心じゃない。今の自分さえよければいい。国のことを考えることが自分のことを考えることだということがわかっていない。知っている政治家はスキャンダルで話題になった人だけ。あくまでも私が見てきた日本人の話だけど。だから台湾人と政治というものの認識が違う。台湾人は生活に対するすべてのものが政治だから。今は無関係だと思っている政策がいつか自分に影響を与えるということがわかっていない。痛い目にあって初めてわかる。台湾人は、危機感が強いから。いつ国がなくなるかもしれないという気持ちで生きている。同性婚法案の場合は、ある程度社会が成熟していくと必ずたどり着く結果だと思うけどね。次はタイだと思う。日本はまだまだだね」

シナミちゃんはひまわり運動にも参加している。

「私は初日から現場にいた。まず初めに、法律に対して反対する学生がいて、ビラ配りしたりネットで活動していて、承認された当日、立法院に学生たちが詰めかけたので、私も仲間と一緒に仕事が終わったら向かった。夜には五〇〇〇人くらいいた。まだ中には入っていないけど、フェンスを越えて、周りに集まった。やめろ、やめろ！　ってヤジを飛ばしてた。ある程度の法律は守って。なんかのきっかけで立法院に入ろうとなって、誰かが先陣を切って柵を飛び越えて中に入った。そうなったらもうカオス。どんどん物資や脚立が送られてきた。私も二階から侵入した（笑）。ちょっとしてからもう出たけど。中では、椅子をかき集めて、通り道を塞いでいた。外では野宿する人でいっぱいだった。お医者さんもたくさんいて、私の友だちは音響の会社に勤めていたから小さいステージをつくって、何か言いたいことがある人のためにマイクやスピーカーを用意した。私は次の日、日本で台湾アーティストのツアーの同行があったからもうそれで帰ったけど、台湾に戻ってからもまだ続いていた」

では、中国人は、台湾のこと、台湾の台湾意識のことをどう思っているのだろう。僕は、大陸生まれの友だち、王《ワン》さんにもそのことについて聞いてみた。王さんは、dodoより年下の八五年生まれだ。湖南省生まれ。両親は医者で、比較的裕福な家庭の元に生まれた。大学で広州に出てきて、卒業後は日系の出版社に中国で勤めることになる。僕らが出会ったのはちょうどそのときだ。彼女は村上春樹が好きで、日本語は独学で覚えた。村上春樹のことは、世界一かわいいおじさんと呼んでいる。その後、日系の大手広告代理店に勤めたあと、辞めて日本に留学、そのまま、日本で働いている。

「台湾は、だいぶ前にツアーで一週間くらい旅行したけど、南国って感じで、すごくいいところだった。料理もおいしいし。特にカルチャー面で素敵なところで、誠品書店〔※19〕で森栄喜〔※20〕の写真集を台湾人の有名デザイナー、聶永真《アーロン・ニエ》〔※21〕の装丁に一目惚れして買ったんだけど、今でも一番お気に入りの写真集になっている。森栄喜を知ったのもそれが初めてだった。それだけでも台湾に行ってよかった（笑）。政治的に複雑な面もあるから結構旅行することを躊躇《ちゅうちょ》する人たちもいるけど、私はあまり気にしないタイ

※19 **誠品書店**……台湾を代表する大型書店。二〇二〇年には東京・日本橋にも進出。本だけでなくライフスタイルを総合的に提案する商品陳列で有名。

※20 **森栄喜**……一九七六年、石川県金沢市生まれ。二〇一三年に『intimacy』（ナナロク社）で第三九回木村伊兵衛写真賞を受賞。

※21 **聶永真**……おそらく台湾で今最も有名なグラフィックデザイナー。二〇一六年には蔡英文大統領の大統領選挙ロゴデザインを担当。

プ。ただ台湾に行くのは、台湾に日程などを申告しないといけないし、旅券のようなものをもうひとつとらないといけない。あとビザも必要なので結構めんどくさい。個人旅行とツアーでまた違ってきて、ツアーは全部旅行会社がやってくれるけど」

台湾人の台湾意識についてはと尋ねると、肩を落とした。

「それはここ最近すごく感じることでもある。でも、逆にそれが、私たち中国人と台湾人との分断を促しているとしたらとても悲しいことでもある。だから私たちはもっとコミュニケーションをとる必要があると感じる。かつて中国は経済的にあまり豊かでない国だったけれど、ここ最近でとても豊かになった。でもそれには私たちの頑張りがあるし、決して理由がないわけではないことは認めてほしい。屈折した感情があるのもわかる。もともと台湾の立場は微妙だということも。だから脅威として認識するのは理解できる。ただ、あれはあくまでも国のプロパガンダだから。中国のなかでそう思わない人もたくさんいる。そういう人は、国の宣伝に干渉されたくないし、台湾のままでいいと思うし、それをわかってほしい。他方で、今の台湾は全体的に、国の考え＝個人の考えという方向性に向かっていってエスカレートしているんじゃないかって危惧しているの。なんでこんなことを感じたかというと、私は日本の大学の大学院に通っていたんだけど、そこで、中国人ってだけで敵視する感じの台湾人が少なからずいたのね。それは悲しかったし、びっくりしたことでもあった。言葉も同じだし、もっとコミュニケートしたい。理解してほしいんです。私たちも台湾人も複雑な気持ちなんだってこと。台湾意識自体は悪いことではないと思う。私みたいな意識を持たない人は全然ダメだと思っているし（笑）。本当は、台湾みたいな政治的な立場が微妙なところこそ、みんな無関心じゃなくて、ちゃんと政治的な答えを探したほうがいいと思うんだけど、それが、結果的に国と個人とを同じ認識にしちゃってしまったとしたら……。複雑……」

王さんは、ため息をついた。

では、中国には、中国意識、またはナショナリズムの台頭のようなものはあるのだろうか。

「私は八〇年代生まれなんだけど、海外のものはそんなに詳しくなかった。七八年に改革開放政策［※22］があって、海外のものが入ってきて、初めて手に触れた。私の家は結構ミーハーで、私が幼稚園のときにコカコーラを飲まされたり、ソニーのテレビがあったり、パナソニックの冷蔵庫があったりしたんだけど、絶対普通の百貨店じゃ売ってないから。どうやって手

※22 **改革開放政策**……中国で一九七八年から始まった、鄧小平による先富論を基軸とする市場経済への移行政策のこと。先富論とは、先に富めるものから富めればいいという考え方で、市場経済を導入し、湾岸地区などの国民は、先に裕福になっていった。ただし、あくまでも最終目標は社会主義国家の実現なので、格差が広がり、富めるものが富みすぎた今、習近平は「共同富裕」というスローガンを掲げて、社会主義の実現に向けて一歩前に踏み出したと言える。その過程として、アリババやテンセントなどの金持ち叩きなのだろう。

に入れたのかわかんない。たぶんいろんな手を使って手に入れたんだと思う。だから私の親はすごいなって思っていた。そういう家庭で育った。小学生のときには、普通に家庭でドラえもんとか、ちびまる子ちゃんとかが見られたんだけど、海外のものに対して、面白いものとして憧れがあった。でも二〇〇〇年生まれ以降は、生まれたときから中国のメーカーが成長していて、コンテンツも中国のものがあって、海外のものがいいという認識がなくて、国の宣伝もそうなっているから、中国意識が私たちの世代よりはあると思う。肌感覚だけど、今の世代は、留学とか、一番多い世代だと思うんだけど、私たちの世代よりも留学に行きたいという気持ちはなくて、親に行かされる人が多いイメージがある。そして、すぐ中国に帰ってくる。私たちの世代は、すごく海外に行きたい人が多くて、そのまま海外に残る人が多かった。それだけ、今の中国は豊かになって、外に出ていくメリットがなくなったんだと思う。だから自然と内向きになって、中国意識も高まっていっているんだと思う」

その後、香港でのデモが活発化する。香港の英字紙サウスチャイナ・モーニング・ポストによれば、抗議デモが始まって以来、香港から台湾への移住申請は四五%増加しているという。香港の住民が台湾を訪問するにはビザが必要だが、ビザを取得すれば最長一ヶ月の滞在が可能だ。台湾到着後は、この滞在期間を一ヶ月延長できる。台湾でも、香港を支持する集会が開かれたという。中国政府は、台湾にも香港のように一国二制度を要求しており、「今日の香港は、明日の台湾だ」という台湾側の危機も迫っている。中国に呑み込まれるのではという恐れがあるからだ。各地のデモのスローガンは、「今日香港　明日台湾」というもの。

先ほども登場したDJで、ライブハウス〈THE WALL〉の店長、スパイキーくんは、こんなふうに言った。

「これまで、独立のことは国が表明してなかったから、表立っては、言いにくかったけど、先ごろ、蔡英文大統領が、中国が打ち出した一国二制度を拒否してくれたおかげで、口にしやすくなった」

台湾と中国、そのアイデンティティのはざまで、これからどういうふうになっていくのか。二〇二〇年六月に巨大なデモが行われた香港からの移住者も台湾には多いと聞く。同年一月に行われた台湾総統選挙では、民進党の蔡英文が勝利し、五月二一日、総統として二期目をスタートさせ、就任演説を行った。内容は、中国に対する、「一国二制度」の拒否を打ち出すものだった。これは、民進党が掲げる、台湾独立路線をあらためて強調するものだと言えるだろう。その後、揺れ動く東アジア情勢のなかで、とうとう香港は、北京が決めた国家安全維持法で、陥落してしまった。台湾も明日は我が身と緊張状態にあることは想像できる。しかし、あくまでも国家間の話であって、個人のつながりは関係ない。個人の連帯を強くしていくことが、争いを鎮める、唯一の手段ではないだろうか。

〈第四章〉

台湾意識が宿るもの。街・建築・文房具

僕が台湾に行こうと思い立ったきっかけは、先ほども軽く述べたが、ある雑誌の台湾特集を読んでからだった。二〇一一年春夏号。特集は、クワイエットアドベンチャーという概念を通して、台東[※1]を自転車で旅するというものだった。僕はその特集になんとなく魅せられて、今まで興味のなかった台湾に行ってみようと思った。そして、台湾について調べてみようと思った。まずは、アマゾンで、本を検索してみた。しかし、これが全然ないのだ。今、考えると信じられない話だ。でも本当の話。たった一〇年前だ。あったのは、渡辺満里奈[※2]が二〇〇〇年七月に出版した『満里奈の旅ぶくれ――たわわ台湾』（新潮社）と、小林よしのりが二〇〇〇年一〇月に出版した『台湾論』（小学館）だけ。あとは別冊宝島の数冊の台湾特集があるのみ。それも、『謎の島、台湾』といった、エキゾティズムを煽《あお》る内容のもので、今の文脈では考えられない内容のもの。それほど、台湾は、日本人にとって関心のない場所だったのだ。

それにしても、渡辺満里奈である。流行を常に先取りすることで有名な渡辺満里奈だが、ここでもいち早く台湾本を出版していて、流行を先取りしている。すごいとしか言いようがない。余談だけど、僕はこの事実を発見して、渡辺満里奈に台湾の「発見者」として、取材を申し込んだことがあ

※1 台東……台湾東部。新幹線が走っていないため、アクセスが悪いが、その分、レア感も満載な地域。代表都市は花蓮《ファーリェン》など。サーフィンの聖地でもある。

※2 渡辺満里奈……元アイドルでおニャン子クラブのメンバー。フリッパーズ・ギターの小沢と小山田が取り合いをして解散したと噂が流れたり、サブカル方面で度々話題になる。お笑いトリオ、ネプチューンの名倉潤と結婚した。

る。取材自体は実現しなかったが、満里奈のマネージャー曰《いわ》く、「そういうふうに、よくみなさんに言っていただけるんです」。

本人も自覚しているようだ。『満里奈の旅ぶくれ――たわわ台湾』で紹介されている台湾に関する内容は、今、カルチャー誌や女性誌で紹介されている文脈とほぼ一緒だ。渡辺満里奈が、台湾茶を体験したり、小籠包を食べたりするといった内容になっている。そして、小林よしのりが続く。こちらは政治的な内容で、カルチャー方面には一切触れていない。台湾の建国についての内容だ。そのあとくらいに、僕が読んだ雑誌が続いたのだ。この雑誌も早いことで知られている（ポートランド［※3］ブームの数年前にすでにオレゴン特集をしていたり、働き方がブームになる数年前にWORKINGという特集をしたりしている）。

その後、女性誌がポツポツと台湾特集を組むようになり、爆発するのが、僕の体感では、二〇一三年頃だろうか。今では、ブームではなく、完全に定着した感がある。幾度も切り口を変え、年に何度かは台湾特集が組まれる。完全に日本のなかに、台湾は日常化した。

なんでここまで日本と台湾がシンクロしたのだろう。ちょっと前に流行ったタピオカミルクティも台湾発祥。数年前、タピオカミルクティ屋が進

※3 **ポートランド**……アメリカはオレゴン州の街。消費税がなかったり、野菜はオーガニックだったり、地球に優しかったり、ZINEやDIYが根付いていたり、SDGsだったりする。

出したときはまったく流行らずにすぐ撤退したのだが。今、日本と台湾は、かつてない蜜月状態にある。これはなんでなんだろう。私見だが、一般の日本人が、やっとアジアを発見したからじゃないだろうか。バックパッカーとはまた別だ。それまで日本は欧米しか見ていなかった。脱亜入欧から抜けきれていなかった。しかし長年の不況で、日本人は近場の国に目を向けるようになった。すると、自分たちの国に文化も近い、素晴らしい国があった。ここに、アジアを発見したのである。なんで、こんなに近くに素晴らしい国があるのに、わざわざ遠い英語圏まで行かなければならないのか。

話がそれた。そういうふうにして、台湾はいろんな角度から紹介され、エステ、夜市、グルメ、コスメ、屋台、雑貨、シャンプー、観光、散歩、聖地巡り、お茶、ベジタリアン、カフェ、ホテル、ゲストハウス、ファッション、美術館、夜景、街、アウトドアと枚挙にいとまがない。まだまだ切り口は発掘されていくだろう。

この中でも、特に街に注目したい。僕が初めて来たときは、そんなに、街の多様性はなかった。西門が、台湾の原宿と言われていた。龍山寺《ロンシャンスー》［※4］が浅草、それくらいである。西門は、行ってみるとどちらかというと、新

※4 **龍山寺**……台北の有名観光スポット。だが周辺は少々ガラが悪いので注意。地下には占い街などもあってそれなりに楽しめる。

宿みたいな街だった。でも、メイドカフェの聖地でもあったし、アニメイトもあったので、秋葉原っぽくもあった。龍山寺は荒《すさ》んでいた。周りにはホームレスがたくさんいて、屋台では、カエルの姿煮を、商店街の店では、蛇の生き血を売っていた。どことなく、空は灰色に見えた。僕が、お気に入りの街にピンを打った永康街・師大。永康街は、鼎泰豊本店の街として知られているだけだった。若干、キている程度。師大のほうは活発だった。師大は音楽の街だった。台湾インディシーンを支えた〈地下社會〉というライブハウスがあり、近くにはレコードショップがたくさんあった。師大夜市も賑やかだった。師大は台湾師範大学［※5］の学生街で、常に学生でごった返していた。しかし、師大はもともとが閑静な住宅街。住民の反対運動によって、〈地下社會〉は閉店。師大夜市も縮小。レコード屋も閉店が相次ぎ、街の活気は消えた。そのかわりに、盛り上がってきたのが、永康街だった。ユニークなカフェが続々とできて、東京の中央線沿線みたいな街になっていった。僕は、この街の雰囲気が好きで、定宿を永康街のゲストハウスにして、よく飽きずに散歩した。ときおりカフェに入って読書した。東京とやっていることは変わりないが、なんとなく優雅な気分になれた。まだ、永康街にMRT（捷運）の駅がなくて、陸の孤島だった。それがよか

※5 **台湾師範大学**……台湾の教育大学。日本からの語学留学先としても有名。

ったのだった。ちょっと苦労しないと行けない街。その距離感が、いい街をつくり上げた。

日本人は台湾に来たとき、どことなく懐かしさを覚えるという。僕は懐かしさこそ覚えることはなかったが、初めて台湾、特に台北の街に来たとき、その街に惹かれて幾度となく通うことになった。何に惹かれたかというと、数え上げたらキリがないが、街の適度なコンパクトさ、建物が醸し出す得も言われぬ魅力、個人商店が多いこと、カフェやセレクトショップのサブカルチャー度などが挙げられる。こうやって実際に挙げてみたが、まだイマイチ漠然としたところがある。もっと掘り下げてみたい。台北の街の魅力ってなんなんだろう。僕は台北を訪ねたことのある人々への取材を通して、自分なりに考えてみることにした。僕の友人、中国人の毛ちゃんは一度台北に旅行したことがある。彼女は大陸の街と比較してこう証言する。

「中国は建物がとても大きくて、新しい建物が多くて、街のスケールが大きいけど、台湾は、建物が古くてレトロだよね。でも街全体のイメージはキレイなレトロ。可愛いとも言える。車でいうと、ミニクーパーやニュービートルが似合う街。今、中国ではミニクーパーとかニュービートルとかが大人気なんだけど、全然街と似合っていないんだよね。台湾は、街が小さくて建物も低いし、コンパクトにまとまっているから、そのような車が街の風景にとても溶け込むと思う。また東京の街にも似ているよね。街の構造とかコンパクトなところとか」

台湾でも活躍する建築家の佐野健太［※6］さんはこう述べる。

「まず台湾は、コンクリート造が多いんですね。それは気候によるところが大きくて。湿度がすごく高いんですね。木造は湿気に弱いので、どうしてもコンクリートのほうが相性がいいんです。そうするとコンクリートは寿命が長いので、容易には建て替えられません。その上に、台湾の社会の移り変わりのペースが遅いので、古いコンクリート造が残っている、というのがあの独特の街の雰囲気をつくっている最大の要因だと思っています。だいたいは、タイルが貼ってあって、ポロポロ落ちているんだけど、それを気にしない台湾人のメンタリティがあって、それもあって、もう一回再現せよといわれても再現できない、あの感じをつくりだしているんではないかなと思います」

そういうことだったのか。リノベーションを繰り返して、寿命が長い建築物を新陳代謝させていくという手法は、どちらかといえばヨーロッパ的

※6 **佐野健太**……東京・渋谷と台湾・台北の2都市を拠点に活動する建築家／ライター。佐野健太建築設計事務所主宰。伊東豊雄建築設計事務所在籍時に台中国家歌劇院等を担当。現在、東洋大学、千葉工業大学、昭和女子大学、明治大学にて非常勤講師。
https://www.instagram.com/kenta_sano
https://twitter.com/kenta_sano

なのかもしれない。

「あとは、一階にアーケード空間があるんですね。日本にはないものです。そこは半公共空間で、独特の空間になっています。あとは漢字の看板ですね。街の雰囲気がここ最近で変わったのは、これが一番大きいんじゃないかな。繁体字の看板が減ったことですよね。台湾って優秀なグラフィックデザイナーが多いんですけど、台北の街中が綺麗なグラフィックデザインで埋め尽くされて、今までだったら毛筆で書かれていたのが、オシャレなフォントに取って代わられたんです。例えるなら、僕らが好きな純喫茶がオシャレなカフェに取って代わられていっているような。それがいたるところで行われていて。僕はかなり危機感を持っていて。それって建築と切っても切り離せないものでもあるので」

そして、こういう指摘もあった。

「台湾人は悪い意味で、ミーハーというか、ポリシーがないというか。自分たちがどういう建築にしたいとか、どういう街にしたいとか、そういうものを持っていないんですよね。日本のデザイナーに頼むとオシャレになるんじゃないか。自分たちの街を自分たちでつくるという気概がない、他力本願な気がして」

だからなのか、台北には、僕が見ている限り、長く続く街がない。栄えては、萎《しぼ》み、それを繰り返す。それは僕の中国語の老師の田中祐典くんもこう言っていた。

「台湾では、衣食住の他に〝行〟というのがあって、それは変化を表す言葉で。すぐに移り変わるんです。よく言えばフレキシブル。悪く言えば、飽きっぽい」

果たして、二〇一九年。永康街は変わり果てた姿になっていた。チェーン店が跋扈《ばっこ》し、ごちゃごちゃした街に成り果てていた。それは、なんといってもＭＲＴ東門站〔※7〕ができたことが大きかった。人が集まると、家賃が上がる。家賃が上がると、個人商店が逃げていく。空き家には大手資本のチェーン店が入る。街に個性がなくなる。面白い街じゃなくなる。いわゆるジェントリフィケーション〔※8〕だ。僕は、永康街の入り口にある、変わらず営業を続けている鼎泰豊本店を横目に見ながら、呆然《ぼうぜん》と立ち尽くした。街ってこんなに変わるものなのか――。現実の街はシムシティ〔※9〕のようにはうまくいかない。リセットボタンも押せない。こうやって街の新陳代謝は繰り返す。元気のなくなった師大、変わり果てた永康街、僕が初めて台湾に来たときにときめいた街は、ことごとく元気を失っていた。

※7 **MRT東門站** 二〇一二年九月開業のMRT新駅。今まで陸の孤島だった永康街のアクセスが抜群によくなった。

※8 **ジェントリフィケーション** 都市の高級化。

※9 **シムシティ**……街育成シミュレーションゲーム。

そうしたら、今、どこの街が面白いんだろう。僕は、手当たり次第に、台湾人の友だちに聞いた。

「今、台湾でどの街が面白いの？」

しかし、先ほども言ったように、街は新陳代謝するもの。個性のある街がずっと続くなんて幻想なのかもしれない。そう考えると、東京の街は、特殊なのだろうか。そうでもないか。中央線の高円寺にずっと住んでいるせいでそう錯覚しているだけかもしれない。田中くんはこう言った。

「逆に台湾人から見ると、日本って中央線とか山手線とか駅によって住んでいる人も違うし、すごいし稀《まれ》だって言っていて、それは香港とかでもざっくりいうと九龍島と香港島で住んでいる人は違いますけど、でもあそこまでではない。東京がやっぱり珍しい。都市もどんどん変わる。日本はなくなっていくものに対して名残惜しさがあって、その名残りがもう一回盛り上がりになるというか。対して台湾はなくなっていくものに対して潔くて終わっていくというか。高円寺カルチャーは「なくなっちゃいけない」とか、ここはやっぱり変えちゃいけないとかそれをサブにして街が続いていくんだけど、台湾にはそれがないんですよ。サブにしないというか。全てはこれだと思いますよ」

では、今どこの街が面白いんだろう。すると、ひとりの台湾人の友だちからある街の名前が出た。

「富錦街《フージンジェ》」

聞いたことのあるような、ないような名前だった。

台北は松山区にある、富錦街。今、台北でもっとも話題にのぼる街だ。この街に住み、台湾カルチャーにも詳しい小路輔《コウジタスク》さんに話を聞きたいと思い、二〇一九年の台北滞在中に急遽アポを入れた。すると一時間、時間をくださった。僕はさっそく指定された、富錦街にあるオシャレなカフェに向かった。小路さんは誰かと打ち合わせしていたので、終わるまで、カフェラテを飲みながら、パソコンで原稿を書いているふりをしていた。ようやく終わり、挨拶を交わす。小路さんは僕のひとつ年下で、さわやかを絵に描いたような青年だった。僕は相変わらず小汚い格好をしていて、この街に台北一似合わない人物だった。帰りたい……。そんな思いをぐっとこらえてインタビューは始まった。

「台湾人はあまり考えてやってない人が多いです。チャレンジャーなんですよ。トライ・アンド・エラーで進む強さがあって、そっちの方が僕はすごいと思います。そして、失敗した人に対して、優しい」

もともと富錦街は、松山空港の米軍開発エリアだったところで、そこが開放されて並木道になったところがエデュケーション系のストリートになった。塾、保育園、幼稚園、ビジネススクールが軒を連ね、その数は、台北一だとも言われた。だが、少子高齢化で、それがどんどん潰れていき、空いた店舗にオシャレなカフェやレストランができ始めた。富錦街は今どんなバランスで街を成り立たせているのだろうか。

「観光客と地元の人とのバランスだと、カフェとかレストランとか、それにもよるんですけど、基本地元の人はベーシックに歩いて来ていて、ただそこに観光客が、日本人が多くなったりとか、今だと台湾政府自体は東南アジアに向いているので、タイ人がいっぱい来ていたりとか、というのはあるんですけど、そんなに激混みすることはないですね。でも、それだけでは成り立たない。どれだけ台湾の人たちが来るかのかということになるんですけど、それがたぶん街づくりのすごく難しいことのひとつ。ポートランドもそうかもしれないですけど、東区《トンチー》［※10］とかメインストリートで出来なかったことをこっち側でやって、それでかっこいいからみんなが集まってきて、意外と人が集まるから大手資本が入ってきちゃって、そうすると、つまんないカフェばっかかになって、地価が上がるから、もともといた

※10 **東区**……高級なアパレルが軒を連ねるハイソサエティな地域。

やつらが追い出される。それでチェーン店ばっかりになって、街やカルチャーをつくっていた人たちが去っていく。そうすると街に魅力がなくなるから人が集まらなくなり、大手チェーンも去っていく。今ちょうどこの時期なんです。東区とかもそう。たぶん三、四年に一回くらいのペースでその波が来て、例えば四、五年前ぐらい前だったら中山区［※11］って、一回落ちていたんですけど、今ぐわーっとめちゃめちゃ熱くなっていて、面白い店が出始めたりしていて。台湾の大家さんの家賃の上げ方は半端ないんですよ。もう、二年ごとに、どうだ、って二倍にするとか。商売できなくなっちゃうんで。特に土地を持っている人が、日本みたいに小金持ちじゃなくて大金持ちで、台湾に住んでもいない。で、二倍だと言われて、出来ないですよそんなんでって返すと、じゃいいやって。そこが普通にシャッター街になってもダメージのない人たちが持っているんですよ」

この街の人気が出だしてもう六年ぐらいだというが、現在の街はどんな段階なのだろうか。

「ジェントリフィケーションじゃないですけども、街の前提としてたぶん日本と違うのは、だいたいビルが建っていて、全部オーナーが違うんですよ。なので逆に言うと、大手デベロッパーが入ってこられない。もう、全

※11 **中山区**……現在、赤峰街を中心に盛り上がってきている地域。

部交渉して、全部壊して。計画通りにはまず行かない。街が動いている、成長していったりとか、シュリンクしていったりというところで、そこで何ができるか。シミュレートはできるんですけどね、たぶん外的要因が多すぎる。例えば、スターバックスが来たら全部終わるわけですよ。でも、ちょっと半歩先、ハーフステップくらい先のことをやる。たぶん明確なゴールや理想を設定しても、まずそこに行けない。だから設けない。うまくやるためには、どうでもいい人たちにバレないようなやり方をしなきゃいけないんで、その人に見つからないやり方っていうか。見つかった段階でどん、って来たら終わるので、一日でも一ヶ月でも一年でも長くバレないように自分たちのやり方をやっていく、というのがひとつじゃないかな」

それでは、台湾の街はどうやってできているのだろうか。そんな生態系のことも聞いてみた。

「そもそも、台湾は、特に台北って、街《ジエ》(ストリートのこと)、あのストリートを中心にして、全然色を変えて出来上がっているというすごく面白い街のつくり方をしているんです。そのバックボーンはいっぱいあるんですけど、その一つが、食だと思っているんです。僕はあまり家でご飯を作らないんですけど、例えば、富錦街でいうと、富錦街から少し抜けたところに、新東街という夜市があるんですよ。そこがハブストリートになっていて、そこを中心として、どんどん街が広がっていって、多様性が生まれていて、発展していっているんです」

迪化街《ディファジェ》［※12］にしても、永康街にしても、他の街にしてもこの傾向は当てはまるという。また台湾の街は属人的でもあるという。

「街づくりプレイヤーなんです。いろんな人たちが関わり合っていくのではなくて、個人のプレイヤーがつくりあげていく。その街にキーパーソンがいる。東区だったらちょっと前ならＶＶＧの創業者のグレイスがつくった。そうじゃないと街がつくれない。プロジェクトをつくっていくような、何か計画を立ててやる人たちじゃないんで、とりあえず誰かが全力疾走して、そいつが倒れたら次のやつが走っていってという感じなんですよ。でも、そこには必ず、四〇年、五〇年住んでいる街の守り神みたいな人がいて。例えば、その守り神が長く続けているおいしい牛肉麺屋さんを潰さずに街を発展させていくというのがすごく難しいんです。オシャレな店は増えても、その店は二度と復活しない」

　では、街を見てきて、カルチャー方面で、この一〇年、何か変わったことがあっただろうか。

※12 **迪化街**……台北で最も古い問屋街。からすみやお茶などが販売されている。朝ごはん屋も。

「台湾人らしさみたいなものがより意識されるようになったというか」

そう小路さんが言うので僕はすぐに切り返した。

「それは台湾意識みたいな？」

「そうそう。それを追求していった時に、いろんなものが変わっていって。例えば、僕らは〈カキモリ〉という蔵前にある文房具屋さんをこちらで展開していて、大ブレイクしたんです。ありえないくらい。三時間半待ちのお店もあったんですよ。そのときは、それよりもたぶん三年早くてもだめだったんですよ、ちょうどその文脈で来ていて。「らしさ」みたいなものを求めたときに、台湾人のカルチャーとかクリエイティブとかデザインを考えたら、いいペンでいい紙で書くのがそうだよね、というふうな感じで。その流れでいくと、最初はマスキングテープが入って、トラベラーズノートが入って、次カキモリがどん、ってきて、レベルが上がっていったという感じで。なので、どこかで自分らしさみたいなものを表現するときに、カルチャーが必要だったんじゃないかなと。それが、一番早かったのが文房具とか、そういうちょっとわかりやすいところ、今までだと安かろう悪かろう、チラシの裏に丸い鉛筆で書いていたのがそうじゃないよっていうふうになって。ちょっとそれが音楽だったりとか、アートだったりとか、ファッション以降、もう少しお金がかかる何かに、高いものへ移っていったんじゃないかと。日本人が、デザインがかっこいいとか、クリエイティブがオシャレというのとは根本的に何か違うんですよ。台湾人は、例えばLGBT法案にしても、なにかあったときにそれくらいとんがっていたほうが自分らしさが保てるんじゃないかなとか、そう思ってやっているんじゃないかと思っているんです。僕ら日本人は、そこにアイデンティティを求めてないじゃないですか」

僕は、なんとなく、今まで取材してきたこととのリンクを感じながら、富錦街の街の印象を小路さんにつぶやいた。

「僕、富錦街に来たときに、想像と全く違ったんで、ちょっとびっくりしたんですよね。すごく新しい街だと思ったんですけど、結構古いお店がいっぱいあったんで。今、話したことでやっとちょっと理解できたというか。なんか、もう、BEAMSの店がいっぱいあるみたいな、そういう想像していたんで。今の話で理解できました。牛肉麺の店も、持っとかないとダメなんですね、街にとっては。守り神ですから。今の状態はどうですか、富錦街の」

小路さんとともに取材に同行してくれた女性のdaydayさんは、富錦街在住。住人としての所感を述べてくれた。

「住みやすいと思っていて。逆に、MRTには来てほしくない」

MRTが来る計画があるのだという。

小路さんも相槌を打つ。

「来るって言ってるもんな。松山空港も毎回、毎回潰して住宅街にするとか」

僕も会話にかぶせる。

「来たらやばいんじゃないですか。ファストフードの店がいっぱい出来そうじゃないですか」

daydayさんは、こう締めくくる。

「そうですね。あと、この辺のメインストリートは、民生東路や富錦街なんですけど、メインストリートとそれ以外のエリアの家賃が、五倍以上の差があるんですね。メインストリートに住んでいる人は、デザイナーとか、作家とか、文化人などかなりの富裕層なんです。もし交通が便利になると、外来のお客さんがすごく多くなって、今のようなライフスタイルが不可能になりますよね」

最近の台湾のカルチャーを象徴する言葉として、文創《ウェンチュアン》という言葉がある。

文化創意の略で、「古き良きものから新しいものを生み出す」という意味。日本で流通している言葉で言えば、「温故知新」といったところだろうか。しかし、具体的には、どのようなことを指すのか。リノベーションのことか。古典を再解釈することだろうか。僕にはよくわからなかった。そういったことよりも、僕の目には、各自が好き勝手に自由にやりたいことをやっているように見える。もちろん膨大な失敗もある。でも、そのなかから輝くものが生まれ、それが台湾カルチャーとなって世界に飛び出していく。そのようなものに映った。とにかく、真似だろうが、占拠だろうが、自給自足だろうが、客引きだろうが、やってみる。成功したらラッキーくらいの思いで。その行動力に僕は惹かれるのである。口先だけの日本人とは違う。そのエネルギーが台湾人そのものなのだ。

〈INTERLUDE〉

台湾で出会った愛すべき人たちとのささやかな記憶の記録

その後、僕は、何度かひとりで台湾に行くことがあった。遊びだったり、取材だったりした。しかしこのときは確か、台湾初訪問時だったと思う。台北の古亭《グーティン》站近くにある直走珈琲《イーゾウカーフェ》というカフェに行ったことがある。ここは、反原発運動の人たちが出入りしていたりするやや過激なアジトとしても知られていて、面白そうだから行ってみたのだった。高円寺でリサイクルショップを運営する素人の乱［※1］を主宰する松本哉《はじめ》さんのブログにも頻繁に出てくるため、いつか行ってみたいと思っていた。

外観は、古びたアパートの一階という感じ。恐る恐るのぞいてみると、まさに車座になってスカイプ会議で原発について討論しているところだった。僕はカフェラテを注文し、様子をずっとうかがっていた。すると、僕が日本人とわかったのか、ひとり、日本語で話しかけてきてくれる男子がいた。名前は、ダンくん。ダンくんは、松本哉さんの著作や、坂口恭平さん［※2］の著作を台湾華語に翻訳し、台湾で出版する手伝いをしているそうで、日本にも留学経験があるみたいだった。流暢な関西弁を話し、僕も関西出身なので、関西弁でわちゃわちゃ話した。あるタイミングで、台湾の文化に興味があると僕が言った。

「それじゃあ、アークンは知っているか？」

※1 **素人の乱**……松本哉さんが主宰するオルタナティブ集団のことで、脱原発デモや自転車返せデモ、その他、様々な巨大な力に対するユニークな嫌がらせ活動で知られている。

※2 **坂口恭平さん**……一九七八年、熊本県生まれの建築家、作家。自殺防止のいのっちの電話、パステル画、音楽活動、小説家としての側面など、その顔は多岐にわたる。

ダンくんはニヤニヤしながら僕に尋ねてきた。

「もちろん、知らない」

僕は答えた。

「今度、台南［※3］まで来たら会わせてやるわ。俺、もう台南に帰るから」

ダンくんは、台北にほど近い台湾第四原発［※4］の稼働に対する政府の煮え切らない態度にあきれて、故郷の台南に帰るとのことだった。それにしてもアークンとはいったいどんな人なんだろう。ダンくんは詳しく教えてくれなかった。でも、面白いというのだから会いに行くしかない。再会を誓ってダンくんとは別れた。

そして——。

また僕は台湾に来ていた。三度目だ。今度も西浦くんと一緒だ。今回の目的はアークンと会うこと。その前に、師大にある、レコードショップ兼アパレル兼ZINEショップの〈waiting room〉に行った。友人の台湾人、dodoが連れて行ってくれたのだ。もうすぐ撤去しないといけないのだそうだ。このあたりは、師大夜市もあるのだが、普通の住宅街もあり、静か

※3 **台南**……台湾第三の都市。古い街並みが素敵なので、台湾の京都とも呼ばれる。どちらかと言えば東南アジア寄りの気候で、台北より時間も空気もだいぶのんびりしている。

※4 **台湾第四原発**……住民の反対を経て、現在も稼働しないままになっている。二〇一一年三月にも蔡英文は「第四原発稼働は選択肢にない」と語っている。なぜなら、民進党の党是は「脱原発」だからで、先だって二〇二五年までに原子力発電全廃を目指す脱原発法を二〇一七年一月一一日に成立させている。

な環境を求める住民とずっともめているのだという。お店の数も年々減っていて、だんだん寂しくなることが予想される。数年後は、どの街が盛り上がっているんだろう。〈waiting room〉で遊んでいると、dodoが友だちを連れてきた。その友だちは、写真家の川島小鳥［※5］さんだった。小鳥さんはずっと台湾を撮り続けているので、やっぱり頻繁に台湾に来ているんだ！　と思った。僕は、以前一度食事をしたことがあったので、改めてご挨拶した。聞くと、dodoは小鳥さんの台湾での通訳係らしい。小鳥さんと話していると、小鳥さんもこれから台南に行くことがわかった。

「向こうで会うかもしれないね！」

「向こうで合流しよう！」

そんなことを言いながら、僕らはそれぞれ台南に向かったのだった。

朝八時三〇分。台北站北口。僕と西浦くんとシナミちゃんは、台湾の弁当を買っていた。台湾の駅弁［※6］はものすごくクオリティが高い。そそくさと買って、僕らは新幹線［※7］ではなく、高鐵《ガオティエ》［※8］乗り場に向かう。新幹線なら台南までものすごく早いのだが、せっかくの旅なのだから、旅情を味わいたい。ビールとゆでピーナッツでも食べながらゆっくり向かおう

※5 **川島小鳥さん**……台湾を舞台にした写真集『明星』で第四〇回木村伊兵衛写真賞受賞。この本に掲載されている写真もすべて川島小鳥さんが撮影してくれた写真だ。素敵としか言いようがない。

※6 **台湾の駅弁**……どれを選んでも美味しいので一度旅のお供に買ってみることをオススメする。

※7 **新幹線**……日本の新幹線と瓜二つと思ったら日本製だった。

※8 **高鐵**……特急のこと。素直に新幹線にしておけばよかった。僕は鉄道マニアでもないのに。

ダンくん。原付きの後ろに乗せて猛スピードを出すので落ちそうになって冷や汗もの。

西浦くん（左）と僕（右）。アークンの作ったカニの炒めものを必死で食べている。旨い！

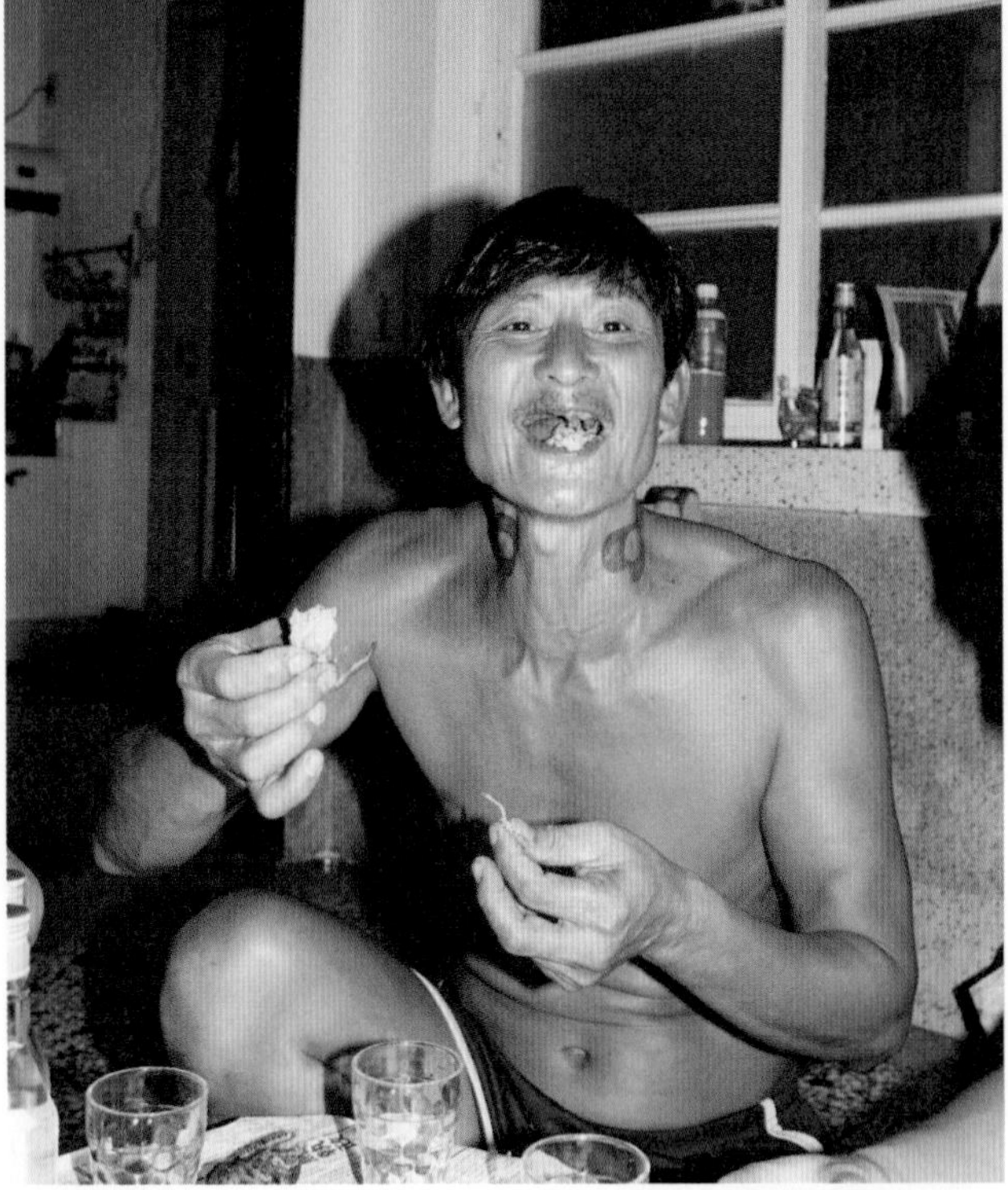

ご機嫌なアークン。台南には、パンチのきいたルックスのアークンを受け入れる土壌があった。

じゃないかと提案したのは僕だ。そのためにシナミちゃんに前日、ゆでピーナッツを大量に買ってきてもらった。のちにこれが仇《あだ》となる。

電車が出発した。ビールを飲み、ゆでピーナッツを食べる。車窓の景色を見る。飽きる。まだ二時間しかたっていない。新幹線だともう到着している頃である。あと四時間もある。ヒマだ……。いや、待て。こういうときは、思索にふけるのが、一番だ。例えば、二度目の台湾訪問から、僕は、台湾のインディ音楽のＣＤを買って聴いてみたけど、日本のインディ音楽からかなりインスパイアされた感が否めなかった。それは、日本も同じようなもので、文化の過渡期には、真似ることはつきものだ。台湾は、民主化されてまだ間もなく、文化の開放もそれに付随したため、自由に表現できるようになってから日が浅い。そのため、今は、まだ過渡期なのだ。ちょうど日本で言い表すと、六〇年代くらいといっていいのではないだろうか。日本がアメリカの文化を吸収しまくった時代。あのときがなければ、今の日本のオリジナリティはない。だから、これから台湾の文化がどんなオリジナリティを生み出していくのか、僕はとても興味がある。これからすべては平らになっていくだろう。そういった世界で、相互にどのような影響を与え合うのか、生態学的な興味を覚えるが、これはまた別の機会に。

やっと台南站に着いた。駅から結構な時間を歩き、ゲストハウスに着く。きれいなゲストハウスだった。予約してくれたシナミちゃんグッジョブ！　しかし、男ふたり部屋にベッドがひとつしかない！　しかたなく、交代で床に寝ることにした。ゲストハウスは、かわいい若い夫婦が切り盛りしていた。奥さんはお腹がふっくらしている。その日は、疲れていたので、寝ることにして、翌日、早速ダンくんに連絡をとった。

ダンくんは、ゲストハウスまで迎えに来てくれた。いきなり、ビンロウを噛《か》まされた。マズイ。台南の洗礼だ。僕は、お酒が飲めなくて、タバコもダメだったのだが、三〇歳すぎに、エジプトで水タバコ［※9］を吸ってから吸えるようになり、喫煙者になった。なので、ビンロウもいけると思っていたのだが、間違いだった。ダンくんは、海まで車を飛ばす。埠頭《ふとう》に着くと待っていたのは、海パン一丁のタトゥーを入れたおじさんだった。

「你好《ニイハオ》！」

おじさんは、握手を求めてきたが、その手のなかには、いけないハッパが入っていた。先制パンチを喰らった僕ら。

「不《ブー》・謝謝《シエシエ》（遠慮します）」

と言うのがやっとだった。

※9　**水タバコ**……ボトルに水を入れてホースで吸うタバコ。僕は三〇歳を超えて海外で水タバコの味を覚え、帰国して喫煙者になった。誰一人褒めてはくれなかった。

そのおじさんは、埠頭に乗り上げた船に住んでいた。誰の船なのかもわからない。政府が何も言ってこないから勝手に住んでいるという。その船には、足場が組まれ、槍《やり》や銛《もり》などが大量に置かれ、漁ができるようになっている。実際にその漁で獲《と》った魚で暮らしているらしい。

「ついてこい！」

いきなりそう言われた僕らが海岸沿いをおじさんに連れられてついていくと、大量の小さなカニがいた。それを一緒に獲ることになったのだ。今日の晩ごはんにするらしい。なかなか骨の折れる作業だったが、美味しそうでもあった。その後、船の操縦室に入ってお酒を飲みながら、みんなで話をした。

アークンが実際に船に住みだしたのは、二〇年くらい前だという。その前はずっと山で自給自足をして暮らしていた。台湾で生まれ、子供の頃は家族が忙しく、ひとりで生活をしなければならなかったアークンは、中学を卒業以来、ずっと工場で働いていた。三ヶ月くらいの期間で、桃園や台中、さらに他の場所で、職を転々とする日々が続いた。その末に、山暮らしに至った。

「なんでこんな生活をしているんですか」

僕が問う。

「自由を求めていたら、こういう生活になった」

さらに突っ込む。

「アークンさんにとって自由ってなんですか」

アークンさんは即答する。

「何ものにも縛られないこと」

ときにはおカネも必要だろう。

「どうやってお金を稼いでいるんですか」

床に絵を描く。

「これを売る」

アークンは言う。

「この生活には縛られてないんですか」

「嫌になったら森にでも行く」

次々と質問を投げかける僕。

「文明とはどう折り合いをつけているんですか」

「俺は車も携帯も持っているし、Facebookもやっている。お金だって必要なら稼ぐ。発想が逆だ。自由が最優先。自由であるためにどうすべきかを考える」

でも、そういう生活は、僕らにはハードルが高いのかもしれない。

「俺は子供の頃からずっと自立して生きてきた。だからこういう自由な生活が向いているんだ。それは一般の人にはなかなかできないと思う。自由というのは思っているよりも尊いもので、簡単には獲得できないものだ。だから俺はこの生活を大事にしているし、常にこの生活を維持するためにどうするかを考えている」

アークンたちのスクワット〔※10〕の様子は、まるで、東西ドイツ統一直後のベルリンに花咲いたヒッピー文化を想起させた。ここ台湾でもサマー・オブ・ラブが始まろうとしているのだ。それは、複雑な政治状況からの、いっときの解放を意味しているものでもあった。そこには、「個人として自由であるにはどうしたらいいか」それだけが議題としてあった。

酔いが回り始めた。だんだん、視界が二重に見えてくる。限界だ。気がついたら、二時間経っていた。

外でアークンがスイカを持って手招きしていた。スイカ割りをしようと呼びかけている。

※10 **スクワット**……空き家や空きビル、居住者が留守中の家屋などを無断で占拠すること。

みんなでスイカ割りをして食べた。台南は暑い。気候は、ほぼ東南アジアだ。僕らはまるで、真夏の、真夜中の学校に忍び込んでプールで泳いでいる高校生みたいな気分になって、その夜を楽しんでいた。

そして、夜八時頃、そろそろお腹が減ってきた。僕らもゲストハウス［※11］に帰って夜ご飯を食べなければいけない。帰る旨をアークンに告げた。

「さっき獲ったカニをお前たちのゲストハウスで料理してやる」

アークンは言った。これはヤバイと感じた。僕らが泊まっているのは、ちょっとオシャレなゲストハウスである。夫婦ふたりで切り盛りしている。お腹にお子さんもいる。そこにアークンのような強烈なキャラクターの人物が来たら、びっくりするに違いない。しかも台所を使うともなれば……。

「うちのゲストハウスは、台所なかったんじゃないかな……」

ぼくはそう言ってごまかしたが、もう後の祭りだった。アークン、僕らのゲストハウスまで来ちゃったのだ。

しかし、意外なことに、オーナー夫妻は大歓迎してくれた。アークンも上機嫌で、台所で鼻歌を歌いながらカニを炒めていた。僕はダンくんの原付きバイクの後ろに乗って、台湾ビールを買い出しに行った。ダンくんのヘルメットを借りて、猛スピードで酒屋に買い出しに行く。どこまでも荒

※11 **ゲストハウス**……轉圈圈《ジュアンチュアンチュアン》という素敵なゲストハウスだったけど、今は休館中のよう。泊まりたい人はググってみて下さい。

い男だ。

大量の酒を買ってゲストハウスに戻ると、なんと小鳥さんが合流していた。そしてみんなで乾杯！　小鳥さんは、珍しいと思ったのか、アークンの姿を撮影しまくっていた。どこかで発表するのだろうか。アークンが小鳥さんのフィルターを通したらどんなふうに写るのだろうか。僕は、それを想像したら、なんだか楽しくなって、普段は飲まないお酒を余計に飲んでしまった。アークンが料理したカニは、とても美味しかった。油に塩コショウだけ、といった荒々しい男の料理、漁師の作る料理といった趣きだったが、そのなかに、何かはわからないけど、とても繊細な味付けが隠れていて、僕は、それがアークンというものを象徴しているように思えた。そんなふうにして、終わらない宴［※12］は深夜まで続いた。生涯忘れることのない、本当に特別な夜。あと何回、そんな夜を体験できるのだろうか。

その後、ダンくんが、そろそろアークンの船に戻ろうぜと言ってきた。みんなついていこうとしたので、僕はこれはヤバイ展開［※13］になるぞと直感的に思い、小鳥さんと西浦くんは部屋に帰し、僕だけついていくことにした。そして、その日は、アークンの船で朝まで宴が続いた。翌朝、僕はふらふらだった。

※12 **終わらない宴**……帯の写真です。

※13 **ヤバイ展開**……察して下さい。

ちなみに、その後、アークンは船を廃棄し海岸線に自分で小屋をＤＩＹしてそこで暮らしている。アークンにとって住む場所なんて関係ないのだ。小屋をつくるのには、アークンを慕う大勢の若い子たち［※14］が手伝った。アークンの思想に共鳴するアーティストのたまごたちだという。そのとき、僕は、アークンを訪ねたときに彼が言った言葉を思い出した。住所がなくて不安じゃないんですかと聞いたときの一言。

アークンはFacebookを開いて、独特の甲高い声でこう言った。

「ここが僕の住所だ」

数年後、ダンくんは、台南の海で溺れて亡くなってしまった。ノリのいい本当にいいやつだった。そして二〇一九年の年末、アークンさえも亡くなってしまった。ふたりとも荒っぽいが繊細な台南の男だった。僕はダンくんとアークンが生きていた証としてこの文章を残すことにする。

※14 **アークンを慕う大勢の若い子たち**……近くに住んで通っている子たちも多かった。

〈第五章〉

インディペンデント誌『秋刀魚』がカルチャーの分断を消滅させる日

一時期、台湾にある個性的な独立系の本屋さんに足を運ぶのが、僕が台湾に行ったときの習慣になっていたことがあった。例えば、台北の〈下北沢世代〉、台中の〈artqpie〉など。初めは、台湾の本屋のDIYカルチャーについて取材するつもりで、実際何軒かには取材したのだが、そこで一冊の雑誌が目に入った。その名も『秋刀魚』。毎号日本と台湾のカルチャーを特集する雑誌で、とても日本人からは出てこないようなユニークな特集が目を引く。例えば、『銀座線とカレー』、『在台湾日本人』、『午後九時以降の東京』など。その頃（二〇一三年あたり）、ちょうど台湾では、ZINEブームが来ていて、『秋刀魚』もその流れで出てきたのかな、と勝手に思っていた――。時は流れ、台湾のZINEブームも落ち着き、でも、『秋刀魚』は元気に刊行を続けていた。僕は、『秋刀魚』を取材することで、台湾のZINEブーム、出版のDIYカルチャーを知ることができるのではないかと思った。

『秋刀魚』の編集長のEvaとは、一度、何かの会合で会ったことがあり、Facebookのフレンドになっていた。そこでFacebook経由で取材申請をしてみた。二〇一九年四月のことだ。Evaは快く引き受けてくれた。一度、五月上旬に打ち合わせと称して、Evaと『秋刀魚』のスタッフ三人と台北の『秋刀魚』編集部近くでご飯を食べた。そこでは、たわいもない話で盛り上がって、取材をどうするかという話はほとんど出なかった。僕は、習いたての中国語で、「兩瓶啤酒、四個杯子！（ビール二本、コップ四つね！）」と言って、笑いをとった。とても親密で、あたたかい夜だった。

この取材は、その直後、五月下旬に行われた。MRT古亭站近くの『秋刀魚』編集部のあるオフィスに午前一〇時に向かうとEvaがひとりで待っていた。午後には『秋刀魚』の取材で東京に発つのだという。だから朝早い時間になったのだ。マンションの一階にあるオフィス〔※1〕はオシャレで、日本の雑誌もちらほらと見受けられた。そのなかには僕が書いた雑誌の号もあって嬉しかった。ここで『秋刀魚』がつくられている。

いったい、『秋刀魚』という雑誌は、どのようにして生まれ、どのような思想のもとに編集され企画され、そして、今後どうなっていきたいのだろうか。Evaの言葉に耳を澄ませてみた。

編集長のEvaは一九八九年、台北市の隣の新北市生まれ。人懐っこい性格ながら、多様な教養に裏打ちされた分析力があることが、会話をしてい

※1 **オフィス**……師大地区にあり、小白兎歌片のすぐ近くという素晴らしくカルチャー度の高い立地。

るとわかる。日本文化に触れたのはいつ頃だったのだろうか。

「まず、おそらく台湾の若者が日本に対して興味を持ち始めたのが、アイドルだったり、流行音楽だったりしますけど、自分もそうなんです。小学六年生のときにテレビをつけたら、ちょうど台湾では日本ドラマのブームだったんですね。だからテレビをつけると何らかのチャンネルで日本のドラマはやっていて、見ていたのが『Summer Snow』という堂本剛〔※2〕のドラマでした。で、これは面白いぞと思って、夜通し見ていました。それがたぶん自発的に日本の文化に対して興味を持ち始めた頃じゃないかなと思うんですが、遡ってみると、実はそのときからではなく、もっと前に家の中、あるいは周りの生活環境の中に、日本文化が好きだという土壌があったんですね。例えば家の、他の家族だと年配の方だと必ず電気製品は日本のがいいって、もうみんなの固定観念になっていて。で、家族で今日はいい食事をしようと思っていたときも、日本料理が必ず一つの選択肢としてあったので、憧れとしては、背景としてあったんですね」

ごく普通の家庭に育ったEvaだが、お母さんは結婚する前、デパートで

※2 **堂本剛**……KinKi Kidsの堂本光一じゃないほう。数々のヒット曲を飛ばすが、剛のほうは最近、正直しんどい人。

仕事をしていたという。

「そのデパートの仕事で、当時、勤務先の見学みたいなのがあって、母が日本へ行ったんです。で、帰国後に私が生まれたんですけど、ずっと母に聞かされてきたのが、銀座はすごく音がする［※3］という話なんです。何の音かというとハイヒールの音。みんなの歩くスピードが速いんですよ。速く歩かないと後ろの人に押されるので。だから銀座という街は、からからというハイヒールの音が歩道に響く街。そう母はずっと言っていました。母にとっては二〇年前の思い出なんですけど、よっぽど印象に残っていたみたいなんですね。もともと母は日本のもの、あるいは探偵ドラマとかが好きで、日本との距離も近いし、生活習慣、文化とかも近いし、何らかのきっかけで触れたりするので、（両国の）つながりは持っているんじゃないかなと思います」

そんなEvaが編集に興味を持ったきっかけはなんだったんだろうか。

「まず、高校生の頃から物書きに興味があって、物を書いたり取材したり

※3 **銀座はすごく音がする**……銀座について、こういう描写を聞くのは初めてだ。本当にそうだったのか、当時の人に聞いてみたい。

することが、好きだったんです。将来はレポーターになりたいという夢がありました。戦場記者［※4］に憧れていたんですけれども。小さい頃に〝私の夢〟みたいなのを書いたのですが、それが戦場のレポーターだったんです。母が心配して（笑）。でも、大学に入って専攻を選ぶときに、やっぱりレポーターになるには何か特別なジャンルに専門知識を持った方がいいのじゃないかなと思って、マスコミ系ではなく公共行政という政治系のところに入りました。それがたぶんベースにあった方がもっと物が書けるんじゃないかなと思ったんです。そしていろんなクラブ活動とか、編集や取材に関わるクラブに入ったりして。で、卒業したら学校が発行している新聞の新聞社に入社しました。編集に関わる知識は、それは自分で勉強できる、あるいは将来、仕事上で勉強できると思って、あえて学んでなかったんですね。高校生の頃からすごく雑誌が好きで、さっき言いましたけど、記者という職業にも憧れていました。ただし、当時は何を読んでいたかというと、すごく内容がシリアスなものですね。例えば政治系のものとか、経済系の硬い『ビジネスウィーク』みたいな、そういったものを読んでいたんです。

もちろんアイドル［※5］も好きで関連誌を読んでいたんですけども、それはあくまでも趣味の範疇で、あまり仕事とつながるとは思っていませんで

※4 **戦場記者**……戦場カメラマンとは微妙に違うみたいだが、たぶん写真も撮らないといけないと思うので戦場カメラマンとの認識でいいと思う。台湾のロバート・キャパになりたかったのだ。

※5 **アイドル**……今でも推しは堂本剛くんらしいです。次回は堂本剛くんのソロ・プロジェクト、END-LICHERIについても聞いてみたい。

した。大学に入ってから、いろいろとライフスタイル誌に触れる機会があったんです。たぶん同じ頃に日本の雑誌、『BRUTUS』や『POPEYE』にも、触れることになりました。読んでみたら驚きがたくさんあって、例えば編集や企画の力とか、あと雑誌のデザイン、レイアウトに関するもの、写真の撮り方、それら全てが目から鱗が落ちるような驚きがあって、これはすごいぞ、と。自分がやりたいこととか自分が今まで親しんできた日本の文化とかがたくさん詰まっていた。実際に自分も、一緒に仕事をしている仲間もみんなそうなんですけれども、本当にマスコミ系の学校出身の人は少なくて、だいたい本当に雑誌が好きでずっと読んでいたから、じゃ実際に自分がつくろうというときも、知識ではなく、見よう見まねで、たぶんレイアウトはこのほうにしたほうがいいのかなとかって、自分で写真を見ながらメモするとか、過去に見た雑誌を見習ったりとか、そういったやり方でやってきたんです」

大学の新聞社に入社したEvaだったが、就職活動自体はあまりうまくいかなかったという。

「まず、大学を卒業してから、もちろん最初はどこか大きい出版社とか雑誌社に就職したいと思ったんですけれども、先ほど言ったように、経済や政治問題に強い『ビジネスウィーク』とかに、一応応募はしたけどだめだったんです。挫折感はあったんですが、一方で、入ったとしても本当に自分がやりたいことがやれるとは限らないので、だったら自分のやりたいことを仲間たちと一緒にやれたらそれも一つの道じゃないかなと思ったんです。じつは台湾の出版業界はずっと低迷していて、特に二〇一三年あたりが一番ひどくて、おそらくもうだめじゃないかなと言われ続けていたんです。その一三年あたりに、いくつかの雑誌が台湾に出てきたんですね。例えば、特にライフスタイル誌ですね。それまでライフスタイル誌というジャンル自体が成立してなかったんですが、『小日子』〔※6〕、「小さな日々」という雑誌が出てきたんですね。それが出ることによって、読んでくれるのはマイナーなグループかもしれないんですけど、あるいは特定のテーマかもしれないんですが、やはり読んでくれる人がいることがわかった。しかもわざわざ読んでくれる人というのは必ずこういったテーマに関心のある人なので、逆にコミュニケーションが取りやすいのではないかという観点を持てたんです。なので一つ、新しい道にそのときに気づいた。そんなふうにインディペンデント、あるいは絞ったテーマでやったら、可能性はあるん

※6 **『小日子』**……台湾のライフスタイル誌の先駆け。

じゃないかなって」

ライフスタイルとジャーナリズムと、二つの興味があるとして、ジャーナリズムへの未練というのは今でもあるんだろうか。

「二〇一三年という年が出ましたが、そこから今に至って六年くらいなんですけど、台湾のメディア環境も大きく変わりました。一番多いのが、ネットメディアが増えたということですね。例えば今まで、政治問題、経済問題できちんとしたものを書きたいのであれば、必ずどこかの新聞社、どこかの雑誌の誌面で書かなければならなかったんですが、今はみなさんネットで読むのが習慣になっています。ただし、ネットメディアというのは堅いものばっかり載せてはいけません。必ずソフトな議題も入れたりします。私たちは例えばそういったソフトな、生活的なものを取材していても、だんだんＫＯＬ[※7]ですね、例えばオピニオンリーダーみたいに見られるという傾向もあります。ソフトな議題を扱っているように見えますけれども、きちんと発言するときにはそれなりの影響力は出てくるんですね。なので、自分が小さい頃に夢見ていた記者とは今は肩書きは違いますけれど

※7 ＫＯＬ……Key Opinion Leaderの略で、中華圏でのインフルエンサーの呼び名。

も、実際にやっている行為や影響は同じじゃないかなと思います。

　また、台湾でもここ数年、マスコミの環境が変わって、例えば別の資本が入ったり、影響されたりすることで、新聞社、あるいはテレビ局が本当に正しい判断ができなくなるということがあるんですね。スポンサーの意見に左右されるということがあるので。それではたして本当に自分が記者になったところで、自分の言いたいこと、正しいことが言えるかというとクエスチョンで、逆にできないかもしれません。なので、今のこの形でも、まあ記者という肩書きではないんですけれども、記者と同じような機能を発揮できているのではないかなと思って。おそらくこれは台湾と日本の、例えば報道に関する大きな環境の違いだと思います。日本は報道は報道で、評論家は他にいるという感じでちゃんと線引きがあると思うんですけれども、台湾のマスコミの環境はむちゃくちゃで、テレビ、ケーブルテレビをつけてみるとわかりますけれども、一〇〇以上ありますよね。その中で新聞に関わるものだけで一〇、二〇くらいのチャンネルがありますから、みんなが視聴率を奪うためにいろんな方法を案出しているわけです。それでニュースや報道の質がかなり落ちたんです。視聴率を取るために、正確性とか、そういうものが本当にないがしろにされていて。それはテレビだけに言える話ではなく、新聞もそうなんですね。ペーパーの新聞もそうです。若い人はニュースを読みたいというときに、いわゆる伝統のメディア、テレビとか新聞ではなく、自分が思う中立的なメディアを選びたい、そして、できればもっと深いことを掘り下げてくれるメディアがいいと考えています。で、今はネット環境が整っているので、若い人が自分の意向に沿って、あるいは自分と親和性が取れているメディアをチョイスすることが大いに可能ですので、非常に多面的なメディア環境になっています。これも今の台湾の現状ではないかなと思って。あと一般的に言うと、若い人の政治への関心度はおそらく日本より高いと思います」

二〇一三年に、『小日子』が出てきた。いわゆるZINEという個人的な、あるいは個人がつくる雑誌も結構たくさんある。台湾のZINEブームとインディ雑誌との関わりはどうだったのか。

「二〇一三年はインディ雑誌がたくさん出てきた年と言いました。それは時間を追って説明すると、確かにこの年にたくさん出てきました。ただし、徐々に一年、二年経つと、コストの問題とか、はたして内容がコンテンツを持続させることが出来るのかとか、いろいろ問題が出てきて。一年二年でなくなっていくものもたくさんありました。昔のいわゆる雑誌という形ではなく、もう少し絞ったテーマで、コンパクトな形で出来ないかというので、だいたい二〇一五年、先ほど言ったそのＺＩＮＥが出てきたんですけれども、ちょうど二〇一五年にも台湾では各地でたくさんブックフェアが開催されていて、そのブックフェアの中には、例えばある地方、ある地域に特化している雑誌だったり、あるいは学生さんの創作作品、あるカメラマンとかアーティストの作品だけを紹介するものもたくさん出てきました。一番最初に出てきたときは、おそらく読者のみなさんはちょっと戸惑ったと思います。つまり、これって一回だけなの、単発なものなの、それとも普通の雑誌みたいにずっと読み続けられるもの、定期的に出版するものなの、という疑問ですね。それが二〇一五年から、徐々に徐々にＺＩＮＥという概念がちょっとコンパクトな雑誌、というものとして認知されて今に至っているんです。だんだんみんなが、いわゆる普通、書店さんで販売している雑誌ではないものもあるということを認知してきたんですね」

『秋刀魚』の創刊は二〇一四年。まさにインディ雑誌からＺＩＮＥブームの渦中に出来た雑誌だ。では、『秋刀魚』も最初はＺＩＮＥだったのか。今は完全な商業誌だが。

「おそらく最初の『秋刀魚』をつくったときの思いと、いわゆるＺＩＮＥのそれはちょっと違うと思います。ＺＩＮＥは不定期に出すもので、おそらく本業ではなく自分の創作の発表をする媒体として出されるものなんですが、最初から私たちは出し続けたい、と思っていたんですね。そしてこれを自分の仕事にしたいという思いを持っていたので、ちょっと違うかもしれません。ただ、自分が思うには、『秋刀魚』の位置付けは非常に面白く、というのはいわゆるＺＩＮＥの作り手との交流も非常に頻繁にあったんですね。私たちと一緒に仕事をしてきた人が、その後に出てＺＩＮＥをつくったりすることもあるし、あるいは今現在、ＺＩＮＥをつくっている人が私たちと提携して一緒にプロジェクトをやったりすることもあるので、ちょうどその中間の役割じゃないかなと思っています。二〇一三年が鍵になる年なんです。私たちはいわゆる今三〇代、三〇ちょっとの歳なのですが、二〇一三年は自分の歴史の中では重要な年だなと。ちょうど大学を卒業して職場に入ったばかりの頃なので、重要な年だという印象があるんですけど、今の例えば二〇代の人にとってみれば印象は強くないのかもしれません」

では、具体的にどうやって『秋刀魚』を立ち上げたのだろうか。

「卒業して就職をしたいと思ったけれど、いろいろ面接を受けてもだめだったと先ほど言いました。話をちょっと前に戻すと、大学時代に雑誌が好きな仲間がいて、同好会みたいなのがあったんですね。強制ではないんですけど、みんな集まって雑誌に関する読書会をやっていました。みんな歳もばらばらで、私がちょっとその中では年長な方なので、すでに就職をしていました、学校の新聞社に。同好会のメンバーが卒業する直前になると、最後の人たちが卒業する前にみんなで一緒に何かやりましょうよ、という話になりました。頭の中に描いていた形はおそらくＺＩＮＥに近かったんですね。それで一緒にやろうということに決まりました。内容についても何個か案が出されていたんですけど、例えば食べ物に関する、飲食に関するものとか、当時流行っていた欧米文化とか、あと一時期台湾ではピクニックブームがあったんですが、そういうのも含めていろいろやろう！ と考えていたんです。ただし一回、ピクニックのテーマで、ピクニックシートを外に持ち出して、じゃピクニック風に装って写真を撮ろうというときに、めちゃくちゃで全くだめだったんですね。そのときに、自分が生活の中でしていないことをわざと撮ろうとしても意味がない、うまくいかないと思ったんです。それでもう一回原点に立ち返って、私たちはいったい何をつくりたいのかと考えて、『藍鯨』を出したんですね。

『秋刀魚』の練習版、実験版。最後の貴重な刷り版です（見せてくれながら）。新しいローカル誌です。これが二〇一四年四月にできたものです。これをなぜやりたいと思ったかというと、当時、地方誌はたくさん出てきていたんですが、台湾のローカル文化が紹介されることがあんまりなくて、そういった雑誌も少なかったからなんですね。そういった思いで高雄［※8］の哈瑪星《ハマシン》というところに取材しに行きました。一冊まるまる哈瑪星を紹介することになったんですけれども、哈瑪星は日本語から来ています。鉄道の、浜に沿って走る線路ということで「はません」、日本に残された地名を当て字にして哈瑪星、「はましん」ということになっているんです。線路沿いに独特な文化が今、形成されていて、取材に行ってわかりましたけれど

※8 **高雄**……台湾第二の都市。カオシュン。日本に例えると大阪。海が近くにあって海産資源が豊富。バンド、エレファント・ジムは、自分たちの地元、高雄を拠点に活動している。

も、例えば現地の建物とか、そこの文化、そこに住んでいる人々などが特殊で、これをまとめました。それが後に反響を呼んで、二〇一四年四月に出たんですけど、いわゆる地方誌というのがそのあとにもたくさん出てきました。なので、やはりこの雑誌を出した意味はあったと思います。ただし、私たちは台北に住んでいて、哈瑪星は高雄にあります。だから私たちはあくまでも外来者として取材をしたのですが、一つの地方を理解するためには、やはり地元の人、そこに住んでいる人が自ら書いたものの方が価値があるんじゃないかなと思います。また、先ほども言ったように、あとにも地方誌がたくさん出てきましたので、地元のことを自ら書きたいという書き手が出てきています。私たちはもうこれで役目は達成しているんじゃないかなと思いました。元々の計画は、哈瑪星をはじめとして次々と各地方のものを書こうと思っていたんですが、でも、そういったことは別にもっとふさわしい人がやればいいんじゃないかなと。じゃあ私たちは自分がやりたいことにまた戻ろう、ということでこれをやめたんです。

「藍鯨」の意味なんですけれども、高雄へ取材に行ったときに、現地で古い地図を目にしました。当時の航海地図、まだ台湾が「Formosa」と呼ばれていた時代なので、航海地図の上に、横に載っていたんですね。この形が鯨に似ているなと思って、「ブルー鯨」と。なので、その後に会社を立ち上げたときもやっぱり海つながりで、台湾の横の台湾海峡に黒潮が流れているじゃないですか。その黒潮と親潮の交流で、いろんな命がそこで生まれていいます。また、いろんな文化が海洋、海を渡って伝わってきたということもあるので、会社の名前は黒潮文化にしました。そして雑誌をつくったときも何か海につながるものがいいと思って、それで『秋刀魚』に」

名前は、『秋刀魚』に決まった。では、なぜテーマを日本と台湾の文化にしたのだろうか。だんだんと質問は、核心に迫るものになってきた。

「大きく言って、その理由は二つあります。一つは、『藍鯨』でテーマにした哈瑪星は、その地名自体が日本語から来ています。現地で取材してわかったんですけれども、例えば家屋のつくり方とか制度ですね、例えば哈瑪星のエリアは昔、日本統治時代に都市計画がされたので、街の区がすごく日本的だなと。自分の生活文化、あるいは普段の習慣の中でも、本当は日本文化と深くつながっているものがあるんですが、ただしそういったことは教科書では教えてくれない。なので、題材としてはたくさんあると、まず思いました。そして、当時市販されていた雑誌、台湾ではデザイン誌とか、建築とかライフスタイル誌を見てみると、ほぼ全てと言っていいのですが、毎年必ず日本特集みたいなものをつくっていました。そして日本特集の号はすごくよく売れている。なので、文化面でも消費面でも、日本に特化した雑誌はうまくいくんじゃないかという自信もあったんです。また、仲間もみんなこれをやりたいと思っていたんです。最初にテーマ設定をしたときにやりたいことを書き出してみたんですけれども、これもあるじゃないか、あれもあるじゃないかと、たくさん書けそうなテーマをみんなが挙げてきたので、深く掘り下げたい方向性はいっぱいあった。これでうまくいくんじゃないかなと思いました。

台湾は親日的ってよく言われます。ただし現地では、一部の人には、あんまり日本に偏っているとそれは一方的な考え方だと言われるんですよ。なんでも日本の方がいいっていうけれど、台湾にはよさがないの、と言われるんです。確かに第一号を出したときもそういう批判は受けました。でも、徐々になくなっていったんですね。なぜかというと、特にキーポイントとなったのが第三号ですね。第三号は台湾に在住している日本人をテーマにしました。私たちも取材でわかったんですが、自分で自分のよさってあまり気づかないものなんですね。でも、その台湾に住んでいる日本人たちを取材してみると、彼らの口からいろんな台湾のよさを聞けたんですね。例えば台湾人はすごく新しもの好きで、チャレンジ精神が旺盛だと。そういった彼らの目から見る台湾を知ることができました。私たちもちょっとそこで思ったんですけれども、単に日本について書くだけなら、おそらく私たちだけではなく、他のみんなも書けるんですね。ただし台湾の観点から日本について書くというのは、他のところではやられていない。そしてそれをやるべきだと思っていたので、その観点では、私たちは単なる日本のよさではなく、台湾人から見る日本はどういったものなのか、それをやることに意味を感じたんですね」

『秋刀魚』の日本企画は独特だ。日本人だと考えつかないことばかりだ。どうやって生まれているのか知りたいと僕は思った。

「毎年の年末に、来年何を出すという企画会議を必ずやるのですが、まず、私たちが外国人であるということ、そして編集チーム内のメンバーが、それぞれ自分の趣味とジャンルを持っているということで、いろいろ発想できるんだと思います。ただし、大きな方向性としては三つあります。一つめは最近話題になっていること、みなさんが関心を持っていることを取り上げる方向性。例えばガチャガチャは一時期すごく流行っていたので、そのときに取り上げました。二つめは、これは紹介したい、情報として紹介したいということを取り上げる方向性。例えばよく台湾から日本へ行く人にとって東京の夜はつまらないという印象があったんですけれども、そうではないんですよ、ちゃんと九時以降も東京はおもしろいよ、ということで、九時以降の特集をやりました。三つめの、年間通してやりたいこととして、台湾と日本のつながりを持っているものを取り上げる方向性。例えば二〇一六年にやったのは、B級グルメ特集ですね。台湾在住の日本人と日本在住の台湾人それぞれが現地のB級グルメを食べて評価をするという企画でした。この三つが必ず企画会議の際に押さえているポイントなんです。

『秋刀魚』の購買層は、二〇代から三〇代でやはり女性が多い。特性としてはもちろん日本の文化が好きで『秋刀魚』に注目するんですが、ちゃんとそれぞれ自分が興味を持っているジャンルがあるんです。例えばデザインだったり、音楽だったり、そういった自分が特に関心のあるジャンルを持っているのが私たちの読者の特徴です。あと、二〇代から三〇代が一番多いんですけれども、最初は読者層は上に伸ばしていけないのかなと心配はしていたんですけれども、やはり特定のテーマに関して興味を持ってくれる四〇代の方も買ってくれたりはします」

『秋刀魚』をつくっていて、一番嬉しかったこととか、逆に苦労したり、事故った、みたいなことはなんだろうか。

「まず嬉しいのは、例えば読者のフィードバックですね、コメントはたくさん嬉しいものがあったんですけれども、例えば過去にひとり、引きこもりがちな読者が送ってくれたものがありました。自分はもう本当に長い間家から出ていないんだけれども、日本人が台湾に住んでいて、いろいろ生活の中から面白いことを発見したと。日本人から見ると、ごみ出しも面白かったとか。その方から見ると、あ、私は家の中にいるのに外の世界は楽しそうだなと、私も外へ出てみようと、そういったことを書いてくれたんですね。もちろんそれ以外にも、励ましてくれた読者のコメントがあったりもしますけれども、全部が本当に貴重で。ただし、自分にとってみれば、雑誌をやる一番のやりがいというのは、台湾のことを紹介して、日本のことを紹介することで、それが私たち台湾人自身が自分のよさ、台湾のよさをもう一度、見直す機会になるということなんです。

もちろん日本人も、『銀座線カレー』とかを読んで、銀座をこういう風に見ることができるんだと、自分が生活している国はどういった様子なのかをあらためて確認することができる。私自身にとっては、もちろん小さい頃から日本が大好きで、日本が憧れで、日本人になってみたいな、と思っていた。今でこそ日本人になりたいとは思わないのですが、やはり日本大好きで、ただし台湾人も悪くないよ、と思っています。私はこの雑誌のいろんな特集をやることによって、台湾のよさ、台湾の誇るべきところを自分で気づくことができたので、そこが一番自分にとっての意味じゃないかなと思います。

事故った話（笑）としては、メンバーが、だいたいみんな過去に大きな組織に勤めていた経験がない人の集まりで、そもそも一緒に仕事をすること、あるいは雑誌を運営することってなに？　というのがわからない状態で始めたものですから、この雑誌はどれくらい続けられるの、本当にこれをやって食っていけるのみたいな感じで、ちょっと穏やかでない雰囲気がずっとあったことですね。また、雑誌をつくるにあたって、もちろん私たちはいいコンテンツをつくりたいと思うのですが、他方で現実的な条件、時間的な制限、コストの制限とかいろいろあります。経営者として兼ね合いを考えないといけないんですけれど、でも作り手にもそれぞれの思いがあった。

最初の頃はけんかもたくさんしたんですけれど、特に第三号『台湾在住日本人号』をつくっていたときも、ちょっと大きな事件がありました。ひとりの取材対象なんですけれども、日本人の方から、自分が当時言っていたことが反映されていない、間違っている、という抗議のメッセージが入ったんです。でも、すでに雑誌も印刷されていて、書店さんにも配ったという状態で、じゃどうしようかと。当時の決断は、抗議をする人がいるのであれば、責任を持って回収しましょうと。全て回収しました。刷り直しました。その方が疑問に思っていたことは全部直しました。もちろんコストは倍になって、かなり経営的にも苦しかった、大変だったというところもあったんですが、今振り返ってみれば、そういった問題が初期に発生してよかったと思います。初期に発生したことで将来似たような状況に直面したときにどう対処すればよいかの指針となるような経験になったから、よかったんじゃないかなと。そして、仲間内での意思疎通も、初期はすごく大変だったんですけれども、最近、雑誌の経営も軌道に乗ってきたので、そんなに問題はなく、落ち着いています」

『秋刀魚』という雑誌をつくり続けてきて、台湾カルチャーにどういう一石を投じたとEvaは考えるのか。

「まず、繰り返しになるんですけれども、この雑誌は台湾の観点から見る日本ということに重点を置いて、フォーカスしています。もちろん、台湾のよさは最近地方誌もたくさん出てきましたので、みんなそれなりに認識はしています。ただし他国との対比という観点から台湾のよさを見るっていうのはまだなくて、それが『秋刀魚』の特徴です。そしてもう一つ、先ほども言ったように、二〇一三年からたくさんこういった雑誌が出てきました。雑誌のブーム〔※9〕があったんです。でも挫折してしまって今はもう存在していない雑誌もたくさんあります。若い人が起業して、そして成功できる、もっと重要なのはそれを持続させることができる、ということを、この雑誌をもって示したい、ということもあります。政府はもちろん若い人の起業に補助金を出したり、支援をしたりはしています。ただし、つく

※9 **雑誌のブーム**……僕もたくさん雑誌を買ったが、現在まで続いている雑誌は『秋刀魚』しか存在しない。

ったのはいいんですけれども、本当に続けられるの？　という疑問を、たくさんの若い人はやはりどこかで持っていたんですね、心の中に。それを私たちは行動で示したい。そして、一番重要なのは、これはもはや日本文化とか台湾文化に関係ないんですけれども、『秋刀魚』という雑誌の読者層、私たちの紹介するコンテンツの特殊な位置です。いわゆるメインストリームの文化にアクセスする人もいれば、ちょっとインディペンデント、マイナーな文化に興味がある人も私たちの読者です。私たちはちょうどその中間に位置しているんですね。

メインストリーム系のメディア、あるいはライターさんが私たちと連携することもあれば、逆にすごくマイナーで、普段あまり一般大衆が興味を持っていない内容も、私たちは取り扱います。私たちは両者の中間の位置で、両者をつなぐ懸け橋の立場だと自分では思っています。今、台湾の社会には分断があります。先ほど言ったようにインディペンデント文化とメインストリーム文化の分裂もあるんですけれども、こういった中間層がなければ、本当にそれぞれ自分のことをやっていてお互いのことを何も理解していないという、社会が分断されてしまった状態になるんです。何か中間のバッファゾーンが必要だと思うんですけれども、それを私たちが担えるんじゃないかなと、今はそういった役割が一番重要じゃないかなと思います。また、展望でいうと、台湾と日本、台湾の観点から見た日本をテーマにすることで、今後もっともっと日本人に台湾を見てもらいたいということもあるんです。さらには、日本だけではなく、アジアの国々にも台湾というところを見てもらいたい。例えば香港特集もしたんですけれども、香港在住の日本人についてとか、将来は台湾だけじゃなくてアジア全体に広めていきたいんです。長期目標ですけれども、台湾と日本の間だけではなく、アジア全体が私たちのことを見てくれるといいなと思います」

インディペンデントとメインストリームの懸け橋のメディア。肌感覚的には日本は、すでに次のステージに入っている感じがする。日本で『秋刀魚』のようなメディアがあるだろうか。サブカルという言葉が形骸化した今、メインストリームとマイナーカルチャーがごっちゃになっていて、混沌としている。と言うか、もはやメインもマイナーもない。そういう意味では、総秋刀魚化メディア状態と言っていい。逆に言えば、メインストリームがないのだから、カウンターカルチャーも生まれないわけで、表現にとって、実につまらない環境だと言えやしないか。表現の歴史は、絶対主義のメインカルチャーに対してカウンターカルチャーが革命を起こし、それがメインになればまたカウンターに退場を促されるという、その連続であるはずだから。日本の雑誌のつまらなさは、出版不況だけが原因ではなさそうだ。

〈第六章〉

DIYから
すべてが生まれる。
オルタナティブ
スペース
〈waiting room〉

バックパッカーの道と呼ばれるものがかつてあった。情報が限られていた時代、数少ない情報を頼って旅をするため、みんな同じ道を通る。したがって、どこに行っても同じ人と顔を合わせることになるというものだ。秘境に行けば行くほどそういう傾向があったと聞く。自由旅行といっても、そんなものだったのだ。果たして今は、情報が錯綜《さくそう》しすぎていて、本当に誰とも会うこともない、「真の」自由旅行ができる時代なのかもしれない。

僕が、かつてトルコを旅したとき、パムッカレ［※1］で、韓国人の女の子に写真を撮ってと頼まれた。僕は快く写真を撮ってあげた。そのときはその場で別れた。その後、僕はエジプトに飛行機で移動したのだが、なんとその子が同じ飛行機に乗っていたのだ。これにはびっくりした。しかも僕はパスポートが切れてフライトを一週間ずらしていた。これは運命なのではないかとさえ思った（都合がよすぎる）。そのエジプトでは、紅海沿いのリゾート地、ダハブ［※2］という街にあるゲストハウスに宿泊したら、なんとその宿で住み込みで働いていた日本人が大学の同級生だった。会ったのは卒業式以来だった。これも、バックパッカーの道がなせる業なのだろうか。ここには「偶然」の物語が存在している。しかし「必然」ではない。

※1 パムッカレ……トルコの都市。白い石灰岩棚で有名。通常は温泉がたまっていて入ることもできるが、枯れているときにいくと残念な思いをする。

※2 ダハブ……カイロの東、ヨルダンとの国境にある隠れたリゾート地。バックパッカーの間ではなぜか恋するダハブと言われていた。ここに来るとカップルが生まれるんだとか。僕も行ったが、当然何もなかった。

優れたノンフィクションを書くには、偶然を味方につける必要があると沢木耕太郎は言っている。しかし、矛盾するようだが、物語（ノンフィクション）には「偶然」と「必然」が必要なのである。例えば、沢木の『テロルの決算』［※3］にはそのふたつの要素が拮抗しつつも歯車のように備わっている。果たして、どうすればそんな物語が書けるのだろうか。構成力か。文体か。答えなどないのかもしれない。今から僕が書く物語は、「偶然」の物語か、それとも「必然」の物語か。答えは誰にわかるんだろう。

台湾に来て何度目かの午後、その日、僕は偶然にも、台北のあるショップを訪ねることになった。季節は夏だった。猛烈に暑いなか、僕は、そのショップの扉を開けた。名前は〈waiting room〉（待合室）といった。二〇一三年のことだ。それは、師大という台湾師範大学の学生街にあった。規則正しく整理された街並みの一角にあるレトロなマンションの二階。アパートと言ってもいいかもしれない。狭い階段を上ると、廊下があって、喫煙所になっている。壊れかけた扉を開けると、六畳くらいの狭い空間が広がる。置いてあるのは、Ｔシャツ、レコード、ＺＩＮＥ、そして、やや大きめのソファ。あとはMacが置いてあって、ずっとセレクトされた音楽

※3 **『テロルの決算』**……沢木耕太郎のノンフィクション。一九七九年の大宅壮一ノンフィクション賞受賞。社会党書記長の浅沼稲次郎を右翼青年の山口二矢が包丁で刺す瞬間までをふたりの視点から見事に捉えた傑作。

がかかっている。その頃はまだ、サブスクリプションなんてないから、せっせと取り込んだ音楽をかけていたのだ。その洗練された雰囲気に、僕は場違いなところに来てしまったような気がして、そわそわしていた記憶がある。でも、せっかく来たんだからと、いろいろと物色して、なぜかあった日本のバンド、フジロッ久（仮）［※4］のTシャツを購入した。それから共同オーナーのahblueくんとたわいもないことを談笑しているとひっきりなしにお客さんが訪れた。お世辞にもわかりやすい場所とは言えない。でも、オシャレな台北のシティボーイ&ガールたちが押し寄せるのである。ここはいったいどういう場所なんだろう。友人に聞くと、透明雑誌という当時、台北オルタナ・ロックで有名なバンドのメンバーtrixくんを中心にやっているショップで、とにかく、並んでいるもの全てがカッコいいんだよ、と言う。それは僕も感じた。全てが見たこともなくて、新しい驚きに充《み》ちていて。ここから何かが生まれる気がする。でも、僕が訪ねたときには、すでに、〈waiting room〉は移転が決まっていたことはあとになって知った。では、いったいこのオルタナティブスペースは、どうやって生まれ、どんな紆余曲折《うよきょくせつ》があり、台北カルチャーでどういう役割を果たし、そして現在（二〇一九年）はどうなっているのか。時計の針をあの夏まで戻し

※4 **フジロッ久（仮）**……二〇〇四年に結成された東京のパンクバンド。現在活動中なのかは不明。

てみよう。

〈waiting room〉は、二〇一一年に誕生した。台湾で大人気だった透明雑誌のドラマー、trixは、透明雑誌をやる前、同じく透明雑誌のボーカル、monkeyくん〔※5〕と四、五年間、バンドをやっていた。その間に、自分から、能動的に何かやりたい気持ちが強まった。そんな気持ちの高ぶりのなかでhang out spaceが欲しくなったという。

「透明雑誌を発足すると、コミュニティ的な何かを求めて、音楽レーベルもつくったんです。友人の音楽作品の発行も率先してやったりした。自分の音楽だけでなく、音楽関連のことを全般的にやってみたかった。僕は、当時まだ若く、何も考えずに始めたんだ。ライブイベントも主催していて、そんなとき、その場で日本のpunkなどのコミュニティの主催者と知り合った。それがきっかけで僕は自分の「コミュニティづくり」意識が高まった。コミュニティの専属的なスペースが欲しくなった。そして本格的にスペースをつくるための仲間集めが始まった。意外にも仲間はすぐに集まって、六人の友人たちが手を挙げてくれた。現在は四人。多いときは九人、一人一五〇〇元で始まった。ディレクターは、僕。このスペースに関する

※5 monkeyくん……本名は洪申豪。新たにバンド、VOOIDを結成。今、盛り上がる中山区赤峰街にセレクトショップ〈PAF STORE〉をオープン。

アイディアの主導者になった」

どうやって決まったのだろうか。

「一階はやはり嫌だった。海外のこういうお店はみんな地下だもん。海外のこういう店をいっぱい見て、見たこともないのが結構あって、そこにある自由さにびっくりした。例えば場所は自分の部屋の中でもいいとか、そういう海外の事例にいつも刺激を受けた。二階の物件があって、安くて九〇〇〇元だった。二〇一六年からこっち（台北站近くの物件）に引っ越した。二年間の空白期（休み期間）があった。いい物件がなかったから」

〈waiting room〉は、音楽コミュニティから生まれたものだが、音楽だけでなく、全ての創作活動に関わっている空間だとtrixくん。

「僕は音楽だけでなく、グラフィックも好きだし、ここでZINEをつくってる人もいる。独創性のあるDIY活動をやっている人もいる。これらの創作活動（インディカルチャー）が、自分の生活そのものであって、音楽だけではないことを日々感じている。僕が大事にしているのは、「平等」ということだ。世の中には、売れているバンドと、売れていないバンドの両方がある。僕らは資金があんまりない中でそれぞれの持っているものを出し合い、みんなのできることをやってみた。売れるかどうかという考え方ではなく、お金がなくても、売れていなくても、コミュニティづくりから試してみよう。売れている人、売れていない人、みんな平等だ。売れている人や有名人だからこそお金が集まる、という考え方をやめよう、という考え方を伝えたいんだ」

バンドをやりながらコミュニティを運営するというのは難しくなかったのだろうか。

「クリエイターとかアーティストには、自分のことばっかり見て、ただただ自分の持つ影響力をデカくしたい、という人もいるじゃない。僕が求めているのは、もっと健康的な環境であり、自分の影響力などを気にするばっかりではなく、いかに自分のクリエイティビティを発揮することを重視するか。その方がよっぽど大事だと思う。例えばバンドの場合、自分のバンドのことばっかり見ているわけではなく、音楽の仲間たちを支えたり、助け合う姿勢を大事にすべきだと思う。有名になるためにライブばっかりやっていくよりは、自分の好きなことをもっとやるべき。曲を書いたり、服を作ったり、興味のあることを全部やっていい。このようなことは難しくないよって、みんなに伝えたい」

このショップに並べてある商品はすべてtrixくんがセレクトしたものだという。

「自分がこのお店を開いたのは、あらゆるインディカルチャーから刺激を受けたから。あるアルバムからも、ある服のブランドからも。商品選びの基準は、「人気（売れている）」とかじゃなく、単なる自分の好みでもなく、「仲間」たちみんなから好きなものを選んでいる（仲間たち＝他の国にいる、または他の国で知り合った自分と同じようなことをやっている人たち）。置いてある本は作り手のアーティストさんたちが自分で持ってきたものもある。ここは彼らのために場所を提供している。ローカルの作り手の作品なら、自分の好みに関係なく歓迎。ＣＤでもなんでもいい。サポートの姿勢を積極的に出している。一方で、服のブランドと本は若干セレクトしている。ちゃんとしたストーリーや背景を持つブランドを選ぶ。ただ、そのストーリーなどを顧客に積極的に宣伝したりとかはしない。わかる人はわかるって感じ。だって、そのストーリーが顧客にとって重要かどうかは、人によるじゃないですか。自分にとっては当然重要だけど。自分は何を売っているのかをちゃんと把握したい」

どんなお客さんがこの店を訪れるのだろう。

「基本、若い音楽好き。当時、僕たちみたいな自由なお店は珍しかった。店を開く人ってみんな結構真剣に考えたりプランを練ったりするじゃないですか。僕たちのお店は若くて自由で、若いキラキラした雰囲気をまとっているクリエイターたちがみんなお店に来てくれた。私は音楽をやる人、ZINEをやる人、とバラバラの領域の人。要は、台湾のクリエイターは、自分の領域以外は無関心だ。それはよくないと思った。自分は各領域からの刺激を受けたいタイプだから、自分のお店だけは、あらゆる領域の人の集まる場所になってほしい。そう思ってお店をつくった。それぞれの領域の人がそれぞれのバックボーンを持っている。それを交流することによって学ぶことができる。それで関心が広がって人間的にもクリエイティビティ的にも幅が広がるじゃないですか。それがこのお店で、人が集まることの最大の収穫だと思う」

これからショップをどういうふうにしていきたいんだろう。

「ずっと〈waiting room〉のラジオを続けている。そして去年はアートフェアを初めて主催した。名前は「Room Service」という。今年もやる予定。アートフェアは去年四〇ブースあって、二日間で八九〇〇人のお客さんが来た。今年は一〇月にやる予定。お店はコンセプトを変えず続ける。うまくいけば来年もっと大きい物件を探して、二号店を出したい。展示のできる、ギャラリー的なお店にしたい。独立出版も引き続きやりたい。この前イラストのZINEを出したが、次は写真集を出したい。この社会にいい刺激を与えたい。ここに置いてあるような、自分のストーリーのあるものを、お客さんにも与えて、刺激にするんだ。お客さんが自分たちそれぞれが求めるインスピレーションをここで見つけることができたらいいと思う」

僕は、話を聞く前にtrixくんに台湾ビールを勧められて飲んでいたので、若干酔っていた。その酔いのなかで、考えを巡らせていたけど、やはりこのtrixくんの物語は、一本の必然で強く貫かれているのだな、と確信させる何かがあった。音楽から、コミュニティづくり、クリエイターたちのインスパイアの循環。自分が得てきたものを今度は他人へと返すこと。全てのことがtrixくんの「態度」の点でぶれていない。だからこそ、trixくんの理想とする、今の地点まで来れたのだなと僕は思う。じゃあ、ひるがえって僕が今、台湾のことを書いているのは、偶然なのか必然なのか、どうなのか。そんな思考が頭を巡ってきて混乱し、少し眠くなってきた。取材を終えて立ち上がると少し足がぐらついた。僕は、trixくんと通訳のdodoに笑われながら、帰路についた。でも、その考えは頭を離れなかった。僕が今、台湾について書いているのは、偶然なのか必然なのか。書き終わるころにはその両輪を一本の線にできているだろうか。答えにならない問いを考え続けて疲れたのか、お酒がまわったからなのか、夕方にもかかわらず、いつの間にか眠りについていた。

〈第七章〉

日本人から観た台湾、台湾人から観た日本

いよいよ僕と台湾の物語も終わりに近づいてきた。最後に僕が取材しようと思ったのは、日本人から台湾はどんなふうに見えているのか、そしてどう思っているのかということ。よく台湾を旅行して帰ってきた人は、台湾人は親切だったとか、台湾は日本みたいで懐かしい風景が広がっていたとか言いがちだけど、もっと本質的なところが知りたいし、イメージのひとり歩きがあるならちゃんとした実像を掴みたい。

そこで僕はひらめいた。長年、台湾を行き来していて、本書にも何度も登場する僕の中国語の老師、田中佑典くんに聞いてみればいいんじゃないかと。台湾に通い始めて、七年。僕は二〇一九年になってやっと本腰を入れて中国語を学ぶ決意［※1］をした。直接中国語で取材したくなったからだ。たとえその道のりが遠く険しいものだとしても。ちょうど田中くんが「カルチャーゴガク」という中国語の語学講座を開いていたので、連絡をとって申し込むことにしたのだ。

ある日、授業が終わったあとに僕は切り出した。それは、田中くんと歩きながら、僕と本書についての話をしているときだった。どんな本なんですか、と田中くんが尋ねてきたのだ。

「えっと、旅行記の要素もありつつ、台湾のアイデンティティの問題にも

※1 **中国語を学ぶ決意**……決意が遅すぎるというツッコミはなしでお願いします。三年後見といてください。

触れて、それは台湾人からだけではなく、中国人側からの意見も聞いて……」

「それは絶対そのほうがいいですね」

田中くんは言った。そしてこう続けたのだ。

「日本人の意見はないんですか?」

僕はこれ幸いとばかりにこう切り出した。

「うーん、部分的には、日本人にも取材しているけど、日本人の意見の章は今のところないかな。田中くん、取材受けてよ(笑)」

田中くんは、ちょっと驚きつつも一呼吸おいて話しだした。

「いいですよ、僕でよければ!」

なんと快諾してくれたのだった。

後日、授業が終わったあと、そのまま、授業が行われた新宿の喫茶店でこのインタビューは行われた。梅雨には入ったものの、それを忘れさせるような、初夏のような日差しの強い昼下がりだった。

「もともとアジアが好きだったんですけど、特に中国には幼稚園の頃から興味があったんです。大人になるにつれて、日本もアジアの中に含まれる［※2］のに、他国のことをアジアと呼ぶのはなぜか？　という違和感が出てきて。自分もアジア人だけれども、アジアに憧れがあった。大学は日芸［※3］だったんですけど、その時代、周りはアメリカやフランスに旅行に行っていた。でも自分はタイ、香港に行っていました。

自分はバックパッカーではないけど、アジアにはよく行っていました。タイに行ったときは、日本にはない〝アジア〟があり、それが非日常的で面白かったんです。その一方、台湾に行ったときは、ちょっと違う感情があった。日本の地方にいるような感覚で、海外旅行をしている感覚にはなりませんでした。例えばサブカル系のお店には、『POPEYE』系の雑誌があって、聞こえる音楽は中国語だけど日本に居るような感覚。外に出るとオートバイとか夜市があって、日本にはないアジアがあった。自分は緩急にやられて、日常と非日常が絶妙に混在していることに気付いたんです。僕は、旅行を自分の生活に入れていく人間ではなかったんだけど、その中でも台湾は、すごく日常の延長線上にあるんですね。それで台湾は居心地がいいなと感じました」

※2 **日本もアジアの中に含まれる**……日本人がアジアというとき、なぜか、日本はそこに含まれていないというニュアンスが発生するのだが、じゃあ、どうすればいいのだと言われても、解決方法がないのだ。誰か発明してくれ。

※3 **日芸**……日本大学芸術学部。素晴らしき変人たちを輩出してきた由緒ある学部。

初めて台湾に行ったのは、二〇一〇年。台湾ブームのはるか昔だ。

「その頃の台湾って、〈61 NOTE〉——東さんという人がやっているカフェがあるんですけど、そこが日本人で台湾に住んでいるカルチャー系の人や、日本のカルチャーを求めてやってくる台湾人のたまり場だったんです。そこがきっかけで、出会ったのが〈下北沢世代〉という独立系書店で、当時、その字面にびっくりして。繁体字だから、なんとなく読めるんだけど。誠品書店でも、「草食系音楽家・星野源VS雑食系音楽家ハナレグミ」みたいなPOPがあってなんとなくわかるけど、そうかな？　とか。日本と台湾はどことなくベースとなっているカルチャーは一緒なんだけど、アウトプットにズレがあって、それが漢字も一緒で、中国語を見ると日本語よりもどことなく大げさというか、そういう〝わかるけどズレがある〟ことに、あっ！　と気付くときがすごく面白くて。韓国に行ったときの全くわからない感じとか、香港やタイに行ったときの〝別世界〟とは違っていて、〝近いけど、でも別世界〟というようなところが好きになりました」

わかる気がした。僕はそれをパラレルワールドと表現した。どこか似ているんだけど違う国。

「まさにパラレルワールドです。僕がやっている『LIP』〔※4〕というカルチャーマガジンを再開していこうと思ったのはその後で、でもそういう世界観を取り上げている雑誌はなくて、当時は女性誌で「週末台湾」をテーマに観光や旅行目線で台湾は紹介されていたけれども、僕が出会ったカルチャー目線の魅力的な人はあまり取り上げられていなかった。その中でたまっている人間も紹介されていない。そのような人と話すと好きな音楽や好きなカルチャーがあって、やっぱり、あー！　と思うことが多くて。でもやっぱりアウトプットしているものは、いい意味でズレがあった。

そのあとで僕は雑誌で〝台日系カルチャー〟というキャッチコピーからやっていくんですけど、まさに僕が〝台日系カルチャー〟で何が言いたかったかというと、〝共有しているカルチャーの中でのズレの編集〟で、そのズレが面白くて、その後、雑誌だけではなくてそれ以外でも、コーディネートやプロデュースをしてきたんですけど、何をやってきたかというと、それは〝ズレの編集〟です」

※4『LIP』……田中くんが発行している台日系カルチャーマガジンのこと。

ズレの編集とはいったい何なのか。

「例えば、小草ちゃんというブロガーがいて、歌も上手かった。ちょうど日本のミュージシャンの「空中分解」のPOCOさんも台湾に興味を持ち始めていたので、彼女のプロデュースを提案したんです。そうしたらポニーキャニオンから声がかかり「KUSA」として日本でメジャーデビューすることになりました。イメージとしては、台湾のきゃりーぱみゅぱみゅみたいな。その子はすごく原宿が好きだけど、別に原宿に住んでいないし、日本に来ているといっても半年に一回。だから実際、原宿には染まってないんですよ。ズレているんですよ。ズレているけどすごくピュア。そのピュアさがかわいい。心に入ってくる。透明雑誌とかもそうじゃないですか。エモっぽさというか。日本人が共感して胸が熱くなるサウンドに、別の言語のリリックが乗り、台湾の新たな音楽として日本人の僕らが熱狂する。音楽とカワイイ文化、ファッションとかもそのズレが心地よさになるし、それがエモさになり、新たな文化として〝台日系カルチャー〟の撫で表現・発信してきました」

ズレの話で象徴的なことがあった。日本でも結構話題になったアレだ。

「台湾で日本の仕事をしていくにあたって面白かったのは、やっぱり日本人からすると台湾の何を求めていて、それを台湾人がどう解釈しているか、そこのズレなんですよね、面白いのは。そこを聞いたりしていて。ちょっと前に、『BRUTUS』の表紙が話題になったじゃないですか［※5］。あれはまさにこのことを言っている。

僕が日本人として台湾っていいなって思うことは、台湾人からは笑われるんです。僕が台湾ガイドブックとかを出したときに表紙がポスターになっていて、それが台湾のすごく昔からある文房具とか、それを僕は「ゴミシュラン」と言ったんですけど、台湾の田舎町のおばあちゃんがぼーっといて、やってるかやってないのかわからない雑貨屋さんに行って、ほこりまみれの雑貨とか漁《あさ》る、そこでメイド・イン・タイワンの面白いものを見つけて、いえーい！　とかやっているんですけど、台湾人には笑われるんですよ。何やってんの？　とか。でも僕はそういうのが好きで、例えばご飯屋さんとかのオレンジ色の器で魯肉飯《ルーローハン》をガッ！　って食べるのがかっこいいと思って、台湾だけじゃなくて、映画で香港とかでもヤクザが食べるじゃないですか、紙の容器で。僕は単純にそれに憧れを持っていて。それが日本にはなかったりしたんですけど。『BRUTUS』の雑誌もそうだし、

※5『BRUTUS』の表紙が話題になった……表紙に台南のちょっと古びた街並みを起用したところ、台湾人からそんなのをわざわざ使わなくてもいいじゃないかと意見が出て、表紙を勝手に変えたりする試みがFacebookなどで盛んに行われた騒動のこと。

東京の蔵前で「台感」っていうお店をやったときに、プラスチックの器で魯肉飯を出したら、台湾人の女の子のスタッフから猛反発されて「やめてくださいよ。台湾にはちゃんとした器とかありますから、そういうの出してくださいよ」って言われたり。日本人が求めているのってあの台湾の汚い市場みたいなものなんです」

僕らは台湾、アジアに無意識に雑然としたものを求めてしまっている。それは僕らの身勝手な思いで、台湾の人からしたら、「自分の国だけ小綺麗にして、何言ってんだよ」と、迷惑そのものなのかもしれない。バンコクの屋台がなくなると言って嘆き悲しんでいる日本人の感情と同様に。

「情に厚いっていうのと、ほんとコミュニティを大事にしている。つながりだったりとか。お金よりも人脈というか、人との関係性をすごく大事にしている。僕もコーディネートをやるにあたって、それだからこそコーディネートで成り立っているのはあるんですけど。別にいい話だから何でもとか、お金が動く話だからとかではなくて、すごく仲間意識があったりとか。というのが一つと、SNSのリテラシーが高くて、最初びっくりしたのは、日本でまだFacebookが流行っていなかった二〇一二年に、普通に台湾の田舎のおばちゃんもiPadを持ってて「さよなら」と言ったら、「あなたFacebookやってる？　友だち交換しようよ」とか言ってきてそれで友だちになったりとか、そういうリテラシーとかSNSに対しても意識高いなと思ったし、やっぱり人との繋がりといった部分で全て成り立っていると感じました。

でも、仲間意識が強い分、面倒臭い部分もあるんですよ。結構グループごとでいろいろあるし。そういうのがあるからむしろ僕は変にそこに入らないように移住しないでいたんです。「仲悪いのか。知らなかったごめ～ん」みたいな。あんま入っちゃうとどっちかになってしまう。あとは距離感が良くも悪くも近い。台湾に四、五日間滞在するとき、一回はご飯を食べに行くじゃないですか。台湾人は一日だけではなく「明日はどうする？一緒に行こう」となる（笑）。

あと、日本と台湾を比較すると、日本は「衣食住」に対して台湾は「衣食住と〝行〟」があるんです。これが最大の違いです。〝行〟っていうのは移動とか交通とかの意味。これが生活の四原則として入っているんです。移動とか交通は、いわゆる〝変化〟の意味なんじゃないかな。これは中華思想なんです。これは日本とアジアの差で。これは僕らが「アジアっぽいね」といっているところ。日本はよく「お変わりないですか?」とか言ったり。〝変わらない〟ことが一つのよさだったりするんですけど、台湾は変わってないことがよくないというか「まだ同じことやってるの?」とか、どんどん変わっていいし、そういった部分で見切り発進っていうのがある。だから「Uber」とか社会的な新しいこともとりあえずやってみるんですよ。対して日本は、考えて考えてようやく始める。それはまあ遅いんですけど。台湾は一回やって絶対失敗するんですよ。「エアービーアンドビー」もそうだし、「ETC」もそう。台湾はとにかく早いんですよ。一回失敗してもう一回復活して、世に定着していくんです。

僕の雑誌の『LIP』はもともとリップサービスっていう名前で、文化は全て口から出まかせという意味で、ようは口から全部始まると、まさに台湾的な感じだったんですよ。日本は何かをつくるとき、人様に見せるようになってから始まる。それは僕は日本にとっての美意識だったりすると思うんですけど、まず何か口から出まかせでやって失敗して、失敗しながらアップデートしていってどんどん上に行くみたいな、それが僕はすごく台湾というか、アジア的だと思うんです。日本に定着した台湾文化というのもあって、タピオカミルクティ人気があるじゃないですか、あれって歩きながら飲む文化が日本にはなかったんだと思うんです。それまでは、日本は必ず着席する文化だった。あのタピオカミルクティブームはそのライフスタイルの輸入だったんじゃないかと思います。日本の台湾化とも言えます。そういう意味では、日本もようやく本当のアジア文化圏に入って、よりフラットになっていくのかなと思いますね」

喫茶店を出るころには雨が降っていた。僕の台湾に対する違和感を「ズレ」という表現でうまく表現してくれた田中老師にとても感謝していた。日本人から見た台湾。それは、同時に台湾人から見た日本を意識することでもある。その「ズレ」を認識することで、僕らは相互理解を深めていけるのではないだろうか。理解は誤解の総体と言ったのは村上春樹だが、両国ともに村上春樹好きが多いから、それを前提にうまくコミュニケーションを取れるんだろう。わかり合えやしないってことだけをわかり合うみたいに。そんなことを思いながら、僕は、新宿の雑踏に自ら姿を消した。

〈あとがきにかえて〉

就職しないで生きるには

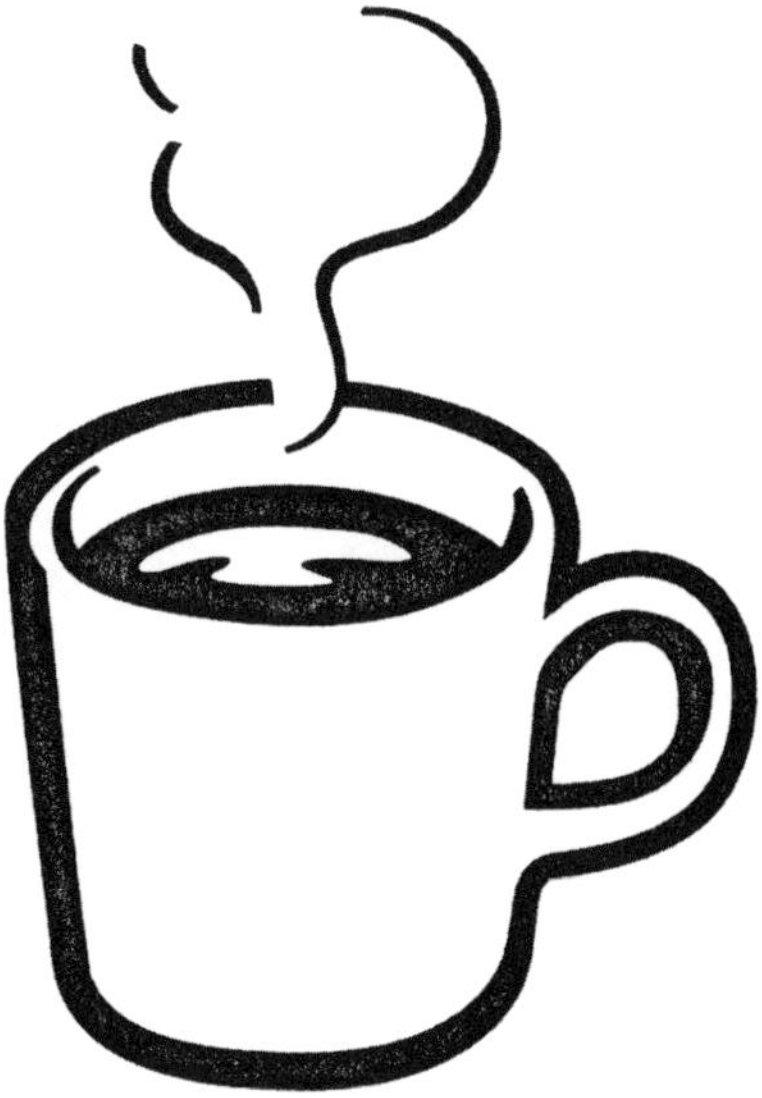

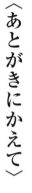

二〇〇一年、僕はある大学［※1］のボンクラ学生だった。授業はロクに出ず、単位も落としまくり、かといって遊びまくるわけでもなく、友だちもいないので合コンにも誘われない、ただ単に、日々をぼんやりと過ごしているスーパー透明な存在であった。

しかし、人並みのキャンパスライフを送れなかった僕にも、三回生になれば、ちゃんと就活の時期だけはリア充と平等に到来する。僕は、はっきりいって就活を最初から放棄していた。半ば就活をバカにしていたし、半ば怖かったのである。

今はどうかわからないが、その当時、就活といえば、自己分析によって自分のやりたいことを発見し、自己アピール、志望動機を作成することが大事だと言われていた。これが僕にはわからなかった。「自己分析って、言われてわざわざするもんなんですか？　毎日が自己分析だと思うんですけど……」というのが偽らざる僕の気持ちだった。

自己分析［※2］によって、例えば、洗剤メーカー［※3］に就職したいとなる場合の、どういう思考プロセスによってそうなるのか、僕は切実に教えてほしかった。洗剤が死ぬほど好きなんです！　という人は恐らく少ないであろうし、マニアな部類に入ると思うのだが。そして僕には、世の中の

※1 **ある大学**……関西学院大学という阪神間にあるキャンパスの素晴らしい大学でした。

※2 **自己分析**……当時、僕は『絶対内定』という本を買い求めて、すぐに投げ捨てた。

※3 **洗剤メーカー**……P&Gとか花王とかが人気企業だった。

大半の企業に対しての自己アピールも志望動機もなかったのだ。

大学時代、何もやってこなかった自覚があるので、自分をアピールすることなんてできない。また、洗剤もネジも車も貿易もあまり興味はなかった。僕がエントリーシートを書くと嘘になる。そう、最初からつまずいているも一緒だった。

僕がやりたいことはただひとつ、ものを書いてお金をもらって暮らしていくことだった。でも、どうやったらそうなれるのか、当時の僕にはわからなかった。

自分に圧倒的な自信がなかったので、大手は避け、中小の出版社を受けたが、ダメだった。そして、就職浪人までしてモラトリアム期間を最大限延ばしたが、それも過ぎ去り、僕は自分を偽り、あるメーカーに就職が決まった。敗北感だけが残った。

新大阪から東京へ向かう新幹線の中で、僕は窓の外を見つめながら、大人気なくポロポロと涙を流していた。その日は、二三年間、僕を育ててくれた関西から、新卒で勤める会社のある東京への上京の日だった。父親と母親がプラットフォームまで送りに来てくれた。僕は極めて冷静を装って、さよならの挨拶をした。しかし、新幹線に乗りしばらく経つと、急にセンチメンタルな気持ちになって、涙があふれてきたのである。自分が望む業界に就職できたわけではなかったので、将来に対する不安も大きかったのだ。

「一体、自分は東京でどうなってしまうのだろう」

そんな気持ちで胸がいっぱいになって、僕は、思いっきり泣いた。何かに心動かされて泣くことなんて生きてきてほとんどなかったのだが、よっぽど不安だったのだろう。もちろん東京に友だちのひとりもいない。しかし、新幹線が小田原を通過したあたりには、やりたい仕事じゃない、何もかもが自分の思い通りにいかない苛立ちを抱えながらも、それでも生きていかないといけないのだから、仕方がないのだからと、無理やり自分を納得させようとした。

東京駅に着く頃には、自己実現なんてバカらしいと開き直り、僕は、なんとか生き延びる狡猾さを身に付けようと努力することを決心していた。もう金輪際自己実現とかは考えまい、社会の歯車になるんだと、ホテルで寝ている頃には思っていたはずだった。

しかし、二〇〇四年六月、僕は、新卒で就職した会社に辞表を提出した。僕は営業で落ちこぼれていた。入社から一年経ち、いよいよ追い詰められ、「自分がすべき仕事はこういうことではないのでは？」という考えが頭から離れなくなった。

他にも理由はあった。サラリーマン同士の飲み会に誘われても僕はお酒が飲めないいし、まわりには好きな音楽や、演劇［※4］のことを語り合える同僚もいない。タバコを吸わない僕は、休憩も満足に取ることもできなかった。ずっとデスクに座っていて気が狂いそうになったときは、よくトイレにこもっていた。住まいも会社の寮なので、仕事を終えて帰った後も、容赦なく玄関のドアがドンドンと叩かれる。宅飲みに来いという合図だ。一切無視した。土日は、ゴルフの誘い。もちろん一切無視した。ベランダから侵入しようとした先輩社員もいた。

ある日、僕は、会社の先輩から、僕が持っていた、まだそんなに普及していないiPodを差して「それって何？」と聞かれた。僕は、答えるのも面倒くさかったので、「ウォークマンみたいなもんですよ」と答えた。すると先輩は、「お前、俺らとしゃべるのがよっぽど嫌なんだな」と言われた。すべてを見透かされた瞬間だった。

※4 **好きな音楽や、演劇**……ひとりで、今はなき新宿リキッドルームに砂原良徳を観に行ったり、下北沢駅前劇場にヨーロッパ企画を観に行ったりしていた。スーツ姿で。

これを機に、僕の会社での居場所はどんどんなくなっていった。日が経つにつれ、朝の満員電車のなかで、貧血で倒れることも多くなった。自分はやりたいこともやらずに無駄なことに労力を費やして何をやっているんだろうか。全部自分のせいとはいえ、これが日本の会社の常識なら、辞めるしかない。そう思い詰めた。

日本の企業文化のあまりの息苦しさに耐えかね、僕は、吹っ切れた。「ライターになる!」今度こそは逃げないでやり遂げてやる。そう思って、僕は仕事の合間をぬって、ネットで知り合った大学生の男とふたりでミニコミ誌をつくり始めた。その作業が楽しくて、どんどんのめり込んだ。

そのミニコミ誌は、『にやにや笑う』といって、初期『クイックジャパン』に影響された、ニュージャーナリズム的なストリートルポや、出版界の偉人(菊池寛・岩波茂雄・宮武外骨など)の墓参り、その他よくわからないページで構成された、本当に若気の至りのようなものだった。印刷した紙をホッチキスで留めて、サインペンで価格を書いた。完全に手作りのミニコミ誌だった。だが、そんなものでも、全然知らない人たちがブログで取り上げてくれたりした。

僕は、初めて、何かを自分でつくり、その反応をもらう嬉しさを知った。

特にこの感想は記憶に残っている。

「斜に構えているようで、直球だ。ふざけているような文体だが、言っている事はこの上なく本気だ（と思う）。本気で遊ぼうとしている人たちの文章だ（と思う）。面白い。何だこれ。悔しい」

まさに僕らがやろうとしていたことだった。これは今現在の僕の文章に対する態度でもある。

そうして、僕は、何かに突き動かされるように、会社を辞めた。次の当てはなかった。

上長に辞意を伝えたとき「何を夢見ているんだ。会社で働くっていうのはそんな甘いことじゃないんだよ！」と諭された。ライターになりたいと告白した同僚にはこっぴどくバカにされた。散々な辞めようだったけれど、運のいいことにある出版社の就職試験に受かって、僕は記者としてのキャリアをスタートさせる。面接にミニコミ誌を持っていったが、「君がこれからやることはこれじゃない。商業誌だから、わかるよね？」と一蹴された。僕は、元気よく「はい！」と返事した。

僕はやっと自分のやりたいことをできている喜びで、日々、浮かれていた。それは夢のような日々だった。その出版社のデスクがカンボジア復興支援のNPO活動を行っていたのだが、ある日「手伝いをしないか」と言われ、誘われるままにカンボジアに行った。それがほぼ初めての海外体験で、僕は旅の醍醐味にすっかり魅せられた。

年齢は二八歳。少し時代遅れのバックパッカーとして、それから休みを見つけてはバックパックを背負って海外放浪の旅に出ることが多くなり、世界そのものを見るようになった。

沢木耕太郎の紀行文学の傑作『深夜特急』を模倣した、芸人・猿岩石のユーラシア大陸横断ヒッチハイク企画がテレビで人気を博していたのは、僕が高校生の頃、一九九六年のことだ。またその前年に刊行された写真家・小林紀晴の旅行記『アジアン・ジャパニーズ』も話題のベストセラーとなっていたことから、大学生になる頃にはインドやタイに行く人が多かった。しかし僕は、性格的にへそ曲がりで同時代の流行に反発する傾向があったので、その頃はバックパッカーの旅に一切興味がなかった。

そんな自分が、いつの間にか取り憑かれたように、海外放浪に出かけるようになったのだ。

訪れた国はどこも刺激的で、人生について考える上でなんらかの示唆を与えてくれた。当然のことながら、日本社会の一般常識が普遍的なものでもなんでもない、という事実にも気づかされた。そのことによって、自分の思考の自由度が、どんどん広がっていくのを感じた。

その後、僕は、ある芸能事務所の出版部門に転職した。これまでの報道ではなく、カルチャー系の雑誌をやってみたかったからだ。しかし、そこでは、思うように仕事ができなかった。また、僕はもっと長期の旅に出たいと思っていた。しかしこのまま会社にいると、定年までそんなことはできない。絶望的だった。だから僕は、ふたたび会社を辞めてしまった。

退職してしばらくは、誰とも連絡をとらずに、引きこもっていた。そのときにふと思いついたのが、海外放浪の旅に出ることだった。

失うものは何もない、そう思ったら行動に出るのは早かった。僕は、これまで貯まったマイルを使って、フライトのチケットを予約した。オープンチケット一年間。二度目の人生の夏休みは、一年間と区切られた。すぐさま日本を飛び出し、トルコとエジプトを旅した。あえて、パソコンは持っていかなかった。誰とも連絡をとるつもりはなかったからだ。

放浪の旅のときくらい、その旅に浸っていたい。バックパックに入れたのは一冊の本、レイモンド・マンゴー『就職しないで生きるには』［※5］。

※5『就職しないで生きるには』……発行は本書と同じ晶文社！

同書は、六〇年代のアメリカでベトナム反戦運動に参加した著者が、七三年、シアトルに〈モンタナ・ブックス〉を開店し、「本当に人々が必要とするものを売って生活することが労働を楽しくする、それが嘘にまみれて生きることへのアンチテーゼだ」と主張して、読者の共感をさらった。

他人のルールで働くことに嫌気が差していた僕にとって、このメッセージには響くものがあった。旅に出ることを決定づけてくれた本でもある。旅の途中、もうライターに戻る気も失せていた。何か他の職業について、自由に行きていこう。手に職をつけるのもいいかもしれない。そんなことを思っていた。

しかし、結局僕は二ヶ月ほどで日本に帰国して、フリーライターになった。やっぱり書きたいものがあったからだ。もう嘘をついて生きるのはやめた。僕は時代遅れのバックパッカーとして、いつか旅のルポルタージュを書きあげようと心に決めた。レイモンド・マンゴーが掲げた「自由」の意味を常に頭の片隅で考えながら。

そんな「自由」を僕に実感させてくれたのが台湾だった。台湾の旅を続けているうちに、ふと、僕はパラレルワールドに紛れ込んだような錯覚に陥った。これから何かが始まりそうな旺盛な空気。あのアークンをも包み込む街の寛容さ。そこには、なんとなく僕が追い求めている理想があるような気がした。もしかしたら台湾は、日本にとって、かつてそうであったと同時に、そうであったかもしれない未来を体現する国なのではないか。社会も人間も日本ととてもよく似ている台湾。日本のボタンの掛け違いを正常に戻すヒントは、もしかしたら台湾にあるのかもしれない。そんなことを思いながら、僕は今日も就職をしないで、なんとか自由に、この社会を生きている。

最後になりましたが、晶文社の担当編集である吉川浩満さんには大変お世話になりました。執筆中、僕の相談に根気よく付き合ってくださった恩は忘れません。また、この企画を実現させるために奔走してくださった産経新聞社の坂本慎平さんにも感謝申し上げます。おかげさまでよい本になったと思います。その他、取材に付き合ってくれた、台湾人や中国人、香港人、日本人の友人たちにも深い感謝を。誰一人欠けてもこの本は完成しませんでした。あらためて、みなさん、ありがとうございました。

二〇二二年初夏　高円寺の自宅にて　　神田桂一

神田桂一（かんだ・けいいち）

1978年、大阪生まれ。フリーライター・編集者。一般企業に勤めたのち、写真週刊誌『FLASH』の記者に。その後『マンスリーよしもとプラス』編集を経て、海外放浪の旅へ。帰国後『ニコニコニュース』編集記者として活動し、のちにフリーランスとなる。雑誌は『ポパイ』『ケトル』『スペクテイター』などカルチャー誌を中心に執筆。ウェブでは『やまもといちろうメルマガ』編集、『本の雑誌』『論座』などに寄稿し、その他マンガ『アイアムアヒーロー』のリサーチなども行う。著書に『もし文豪たちがカップ焼きそばの作り方を書いたら』（菊池良との共著、宝島社）、『おーい、丼』（ちくま文庫編集部編、ちくま文庫）。マンガ原作に『めぞん文豪』（菊池良との共著、河尻みつる作画、少年画報社。『ヤングキング』連載中）。

台《たい》湾《わん》対《たい》抗《こう》文《ぶん》化《か》紀《き》行《こう》

2021年11月25日　初版

著　者　神田桂一

発行者　株式会社晶文社
東京都千代田区神田神保町1-11 〒101-0051
電話 03-3518-4940（代表）・4942（編集）
URL https://www.shobunsha.co.jp

印刷・製本　ベクトル印刷株式会社

 ISBN978-4-7949-7286-6 Printed in Japan
JASRAC 出 2109130-101号